Amiga Yohan[illegible]
disculpa mi letr[illegible]
por tu apoyo.

- Estas aca leyendo esto por una razón,
encuentra en estas hojas lo necesario
para terminar de convencerte a ti misma
que eres una guerrera. Deja que las
circunstancias del dia a dia te formen,
y nunca olvides lo que Dios te ha
hecho vivir. Todo tiene un PARA QUE.

EL PODER DE TU CONCIENCIA

GIANCARLO NUNES PACE

"Los auténticos guerreros no son aquellos
que ganan cada Batalla, sino todos
aquellos que logran entender que
la auténtica ganancia esta en la
Perdida".

Giancarlo

11-06-2020

Publicado por Ibukku
www.ibukku.com
Diseño y maquetación: Índigo Estudio Gráfico

ISBN Paperback: 978-1-64086-696-6
ISBN eBook: 978-1-64086-697-3

Tabla de contenido

¿Quién soy? 7
Agradecimientos 9
Introducción 11
Conciencia neutral 21
Verdad universal 29
Ego 37
Comparaciones 41
Mundo actual 45
Amor universal 53
Amor propio 57
Soledad 63
Autoestima 67
Relación vs matrimonio 73
El sexo ocasional: ¿Placer o búsqueda de tu media naranja? 79
Suponer 83
Conciencia con cada palabra que de tu boca salga 89
Cárcel 95
Lo imposible es posible 103
Las señales existen 109
Enseña a prevenir, no a prohibir 115
Ten conciencia de que no todo lo que eres podría ser tu auténtica verdad 119
Redes sociales 123
Gracias 127
El agradecimiento no debería de ser para siempre 131
Locos o visionarios 137
Estar de último es una virtud 143
Problemas 145
Para aprender no necesitas que otros te hagan sufrir; para enseñar no necesitas hacer sufrir 149
El día a día 159
Ferrari 165
Dependencia 169
Ejercicio de valoración 179

Estar lejos	183
Desprendimiento	187
Ingenuos	193
Alcohol vs conciencia	199
Castigo	205
Hijo siempre fuerte	213
Entiende sin palabras	217
Tiempo. ¿Amigo o enemigo?	225
Talleres emocionales o de superación personal	231
Religiones	237
Mi propósito antes de morir	245
El fin de un nuevo comienzo	247
Mis oraciones	251

Da igual cuál sea tu Dios o cuál sea el mío, bajo los ojos del amor y de la justicia, siempre será el mismo.

¿Quién soy?

Podrías preguntártelo y es muy normal, es un pensamiento frecuente cuando no confías en lo que Dios intenta decirte desde lo más profundo de tu conciencia, utilizando lo que está frente a ti. Lamentablemente no logras verlo, debido a algunas creencias o reglas que te pertenecían desde mucho antes de que nacieras. Toma estas escrituras como a las únicas verdades necesarias en tu vida. Me enviaron a ti con la única tarea de enseñarte y ayudarte a superar esos temores que en algún momento guardaste en tu subconsciente y que están afectándote en el presente, sin que los percibieras conscientemente.

Aprenderás a llamar al futuro exitoso por el que tanto has luchado. Tómate el tiempo de preguntarte si de verdad estás viviendo tu vida o una ajena. Regálate la oportunidad de leer lo que tengo para ti.

Esa pareja ideal, viajes, carros, esa casa que tanto has proyectado tener, esa indispensable y necesaria paz al dormir, esos gritos de ayuda que das para que los animales y al medio ambiente sean respetados, y todo ese éxito personal que has anhelado tener siempre ha estado allí frente a ti. Este libro te ubicará en la frecuencia correcta para poder alcanzar todo lo que te propongas.

Agradecimientos

Mi padre, que está en el cielo, me ha enseñado más que cualquier otra persona en la tierra. El murió cuando yo era muy pequeño, pero nunca se ha ido de mi conciencia. Le agradezco profundamente cada señal que me ha envidado. Le agradezco a mi conciencia porque sin ella no hubiese tenido la oportunidad de captar dichas señales, en cuyo caso este libro no existiría.

En el proceso de escritura, que duró aproximadamente nueve años, nunca antes leí ningún otro libro ni tomé talleres personales ni mucho menos fui a terapias, por dos razones: la primera razón era que no quería que mis señales perdieran credibilidad al escuchar las enseñanzas o creencias de otros, ya que entiendo que podría ser víctima de mis propios juegos mentales; los seres humanos tendemos a creer más en los demás que en nosotros mismos. La segunda razón es que no existe ningún ser vivo en la tierra que logre impregnar en mí la misma felicidad que mi conciencia me da cada segundo de mi vida. Después de escribir dichas señales, me atreví a leer dos libros que en mi lista estaban: *Los cuatro acuerdos* y *The secret.* Al terminar de leer estos fantásticos libros, reconfirmé lo antes confirmado. Una de esas confirmaciones era que sin una conciencia consciente, nada de lo que desees atraer a tu vida podrá llegar a ti.

Agradezco a mi madre que ha luchado por darme todo lo necesario y por enseñarme a usar lo que tengo para lograr lo que quiero; me enseñó a nunca mentir y a mantenerme humilde sobre cualquier circunstancia en la cual me pueda ver favorecido.

Mi más profundo agradecimiento a este ser superior que voy a nombrar y que considero mi mejor compañía: Dios. Te amo con todo mi ser porque yo tengo una visión diferente sobre quien en realidad eres; para mí no eres un ser al que debo de ver como inalcanzable, sino que eres mi mejor amigo y confidente, te tendré presente cada segundo de mi existencia. Gracias a lo que siento por ti, pude encontrar mi tarea en este mundo, tarea que comienza a partir de ahora y continúa cuando los lectores comiencen a tomarle más valor a sus vidas. Tus señales me han hecho entender que la única religión en la que deberían de creer todos los seres humanos es la del amor y de la justicia, crean en ti o no.

Gracias a todos mis familiares que aunque físicamente ya no estén acá a mi lado, se manifiestan ante mí de diferentes maneras con el único fin de darme la sabiduría necesaria para dejarle saber a la humanidad que nadie muere por completo y que deben aprender a tomar en cuenta el espíritu de cada uno de sus familiares, porque allí radican los más sabios aprendizajes.

Para aquellas personas que estén dispuestas a ver mas allá, no busquen respuestas que sean con la mirada, porque no la encontrarán, tienen que verla desde los ojos de la conciencia.

Introducción

Este libro es el canal que te hará reconocer y entender la importancia de vivir conscientemente cada segundo de tu vida en este mundo moderno donde se ha perdido casi toda conexión con Dios, el universo y, sobre todo, contigo mismo. Entenderás la importancia que tiene el estar en la frecuencia correcta para poder controlar de manera justa cada una de tus acciones; que estarán, de igual forma alineadas y comandadas bajo la única verdad autentica: la verdad universal. Quise llamarla de esta forma porque entiendo que el mundo de hoy necesita una medicina de amor, una verdad honesta y justa que no sea "controlada" por ambiciones ajenas, ya que esas ambiciones están evitando que muchos puedan vivir una mejor vida. Mientras eso no cambie, seguirán viviendo bajo realidades completamente injustas e inhumanas. Sabrás de qué se trata esa verdad universal en el momento indicado.

Leerás de forma real cómo la falta de conciencia ha dividido todos los aspectos de la vida, las rutinas diarias y los puntos en los que más afectado podrías estar emocionalmente: relaciones amorosas, trabajo, amistad, animales, familia, religión, creencias y todo lo que podría estar evitando que vivas tu propia verdad.

Aquí está el comienzo de todo, la clave para que todos los demás libros de superación personal puedan funcionar: es necesario aplicar lo que aquí está escrito.

Una gran parte de las personas que leen libros, ven documentales de superación o van a especialistas motivacionales, mientras están en el proceso, recuperan la conciencia; pero al salir, todo es olvidado y vuelven a cometer los mismos errores.

Para que entiendas un poco mejor lo que intento decir, es necesario que primero cierres los ojos por un momento, olvides todo lo que crees que sabes y sobre todo tu ego, ya que este no permitirá que te abras a nuevas ideas y aprendizajes; detenlo por unos minutos e imagina que tu cuerpo completo es una máquina, tus pensamientos, creencias, deberes, deseos, tus brazos, piernas, cabeza, todo eso compone una máquina que va por un camino en búsqueda de su propia felicidad. Ese camino está compuesto por miles de adversidades que tienen como orden detenerte o construirte. No obstante, todo dependerá únicamente de ti, ya que debes decidir una de las dos opciones. Se sabe que la vida es difícil, pero que se deben ver los golpes de la vida de manera positiva para seguir atrayendo más de lo mismo. Todos saben esto, pero la realidad es que todos lo olvidan, puesto que se dejan llevar por los sentimientos momentáneos que se viven en ese recorrido, olvidando que esos momentos malos se acabarán, pero que también tienen un motivo, un *porqué*. Lamentablemente ese *porqué* lo han olvidado y transformado, ya que con el paso de las circunstancias y debido a la falta de fe y poca confianza que tienen en sus propias vidas, le han cambiado el verdadero significado y la importancia que esa palabra conlleva: su misión es que entiendas el porqué en realidad te suceden las cosas. Pero lo que ha causado es que todos se vuelvan víctimas de sus propias circunstancias, debido a que han perdido la conciencia porque se están tomando todo personal y piensan que todo lo malo que les sucede es porque los demás son los culpables de lo que ellos mismos están atrayendo a sus propias vidas, siempre intentan culpar a los demás en vez de asumir sus propias responsabilidades, también atacan al de al lado imaginando que si no lo hacen primero, entonces los atacarán a ellos. Todo sería más fácil si quitaran de nuestro vocabulario la frase "por qué a mí" de sus vidas y comenzaran a usar la palabra "para qué". Si lo hicieran, verían cómo automáticamente sus mentes comenzarían a buscar soluciones en lugar de problemas. Todo tiene un "para que". Por ejemplo: ¿Para qué me despidieron del trabajo? Si aprendes a usar el buen entendimiento de esta nueva palabra, de la que debes ser consciente por el resto de tu vida, entenderás que el universo hizo que te sacaran de ese trabajo, ya que era la única manera en que te esforzaras por salir de tu zona de confort y te dieras la oportunidad de que algo mejor te llegue.

Tu conciencia tiene un poder enorme tanto para ti como para las máquinas que están recorriendo el mismo camino que tú. Nunca olvides que el universo tiene infinidad de estrellas para todos, no intentes llegar primero y quedarte con todo porque necesitarás millones de vidas nuevas para poder gastar todas esas estrellas de las que intentas apoderarte.

El verdadero y auténtico significado que existe entre la consciencia y conciencia, y sobretodo la poderosa unión que existe entre ellas, no está completamente entendido actualmente. Ellas, además de ser tus amigas más leales y dejarte saber entre lo que está bien y lo que no, también tienen un poder completamente desconocido para algunos: te servirán como recordatorio y como medio. la consciencia te dará la capacidad de percibir y recordar que debes estar siempre atento para captar esos mensajes que te intenta mostrar, mensajes que llegan a ella desde otra dimensión; ella será la única autorizada para recibirlos. Esto quiere decir que si tu consciencia no está encendida, tus pensamientos te controlarán y sentirás exactamente lo que ellos quieren que sientas, pero no lo que tu conciencia desea que en realidad sientas. Es necesario que entiendas que la mayoría de los pensamientos de un ser humano promedio son completamente negativos, por esta razón es importante que de manera inmediata comiences a ser consciente, para que la unión de ellas pueda ayudarte a controlar todos esos pensamientos que te perturban. Tu mente conoce tus debilidades y te atacará para inyectarte dudas, pero tus dos amigas te recordarán que esas dudas no son mas que un enemigo que intentará que no tomes el caminó correcto hacia el éxito, también te dejarán saber que nada de lo que te sucede en la vida es un error ni una casualidad, sino que cada acontecimiento conlleva una verdad muy personal. Esa verdad te dará como resultado dos diferentes realidades que dependerán de las perspectivas con la que consciente o inconscientemente las tomes; el resultado creará pensamientos que te liberarán o te condenarán. Para describirlo con un entendimiento más sencillo: solo tú decides cómo relacionar cada suceso. Si los tomas como un aprendizaje, crearas tu futuro, pero si a todo le ves el lado negativo, indudablemente te destruirán.

Uno de los mitos más grandes que existen es que los seres humanos solo manejamos un porcentaje mínimo de nuestras mentes; esto quiere decir que no todos logran desarrollarla en porcentajes mayores. La verdad es que la mente humana sí puede ser desarrollada en porcentajes mayores de lo que en realidad se cree, solo que no todas las personas son conscientes de ello, ya que están más ocupadas en darle importancia a inútiles aplicaciones tecnológicas, que les están robando la tan importante posibilidad de conocer sus verdaderos talentos, lo que traerá como resultado el que ni siquiera puedan enterarse de las capacidades que tienen.

La imaginación es capaz de volar, de crear, de recrear lo ya creado y de volver realidad lo que tus creencias te dicen que es imposible, pero al no tener consciencia, derrumbarás con pensamientos negativos todo lo que tu imaginación podría darte si llegaras a ser consciente en un 100% de cada una de tus acciones y te dieras cuenta del poder que tienes. Lo más lindo de esto es que en este punto el tiempo perdido no existe, porque si comienzas a tener una conciencia consciente a partir de ahora, recordaras de forma milagrosa el aprendizaje de todo lo que has vivido y todo lo que en su momento no pudiste entender ni sentir por el simple hecho de no haberlo tomado en cuenta.

Ellas te enseñarán a reconocer esos milagros que tanto has esperado, te darán la paciencia para entender que los tiempos de Dios y el universo son extremadamente perfectos. El gran secreto que tanto pides acaba de llegar a ti en tu tiempo perfecto, ni antes ni después; lo tienes en tus manos y justamente lo estás leyendo en este preciso instante.

Quizás te preguntes cómo lograr esas metas o sueños solo por medio de la conciencia, pero como dije antes: "deja tu ego" y solo lee cada línea de este libro, deja que se quede en tus pensamientos para que logres entender que todavía no vives tus deseos, puesto que sigues estando en la frecuencia equivocada. Tu conciencia te hará entrar otra vez en el canal correcto. En el momento en que tu negatividad intente tomar el control no debes rendirte, o esto sucederá una y otra vez de manera repetitiva. Por esta razón, la palabra conciencia, en este libro, será tu recordatorio. Puede que te aburras de tanto leerla, pero es justamente eso que aburre lo que al no ponerlo en práctica, aleja más y más tus sueños. A eso tan aburrido se le llama constancia. Tal vez no entiendas todavía que es la mejor arma, pero por esa razón este libro está escrito de esta forma, ya que es la única fórmula que logrará de manera exitosa, que el cerebro comience a acostumbrarse a ella y la tenga presente en cada circunstancia de tu vida. La conciencia es un musculo que tiene que ser entrenado hasta el final de tus días.

Este es un libro que en cualquier momento de tu vida, cuando necesites un consejo y decidas abrirlo, encontrarás líneas que te calmarán y, entre líneas, te transformarás en un ser espiritualmente sabio. Para que eso suceda, deberás leer de manera enfocada. Aquí no existen patrones ni orden específico, porque se entiende que los sucesos de la vida tampoco los tiene.

También leerás diferentes títulos que podrían mostraste un mismo mensaje. No te alarmes, fue diseñado de esta manera para hacerte entender que en la vida se cometen los mismos errores una y otra vez, pudiendo evitarlos con un mismo aprendizaje. Es posible que causen confusión en ti, ya que al tener diferentes circunstancias (diferentes títulos) tus pensamientos te harán creer que todavía no tienes el aprendizaje necesario.

Dios existe y es el comandante de tu conciencia, sino crees en Dios, no te preocupes, también aprenderás que aunque no creas en Él, eres de igual forma un ser espléndidamente auténtico: siempre y cuando tus acciones sean comandadas por una conciencia justa para todos.

Entenderás que cada segundo que respires será importante para definir tu vida, una vida moderna en la que todo se ve muy normal aun cuando algunas acciones no lo son. Habitamos un mundo donde todos hablan para mejorarlo, pero pocos en realidad sienten un verdadero amor propio, entendiendo que esa es la única acción capaz de curar a este mundo actual.

Se habla de la importancia de amar y respetar la naturaleza, puesto que en este instante estás respirando gracias al trabajo que cada parte de ella te regala; da su vida con el único fin de que tu respiración sea posible. Lamentablemente, muchos se están enriqueciendo por medio de ella, sin entender conscientemente que están exprimiendo su propio pulmón.

Es importante recalcar que en estas escrituras no encontrarán consecutivamente líneas que inventen lo bonito que está el mundo, porque no lo está. Lo que sí encontrarás en repetidas ocasiones, son los gravísimos errores que están destruyendo nuestro hogar. Quizás al leer, muchos se sientan afectados u ofendidos, pero no se tomen nada personal, no es en contra de ustedes, es en contra de las malas acciones que están acabando con nuestra existencia, acciones que pueden ser mejoradas. Es necesario entender que sí hay errores para poder aceptarlos y mejorarlos. Todo aquel que se sienta herido, ¡Felicidades!, quiere decir que su conciencia está despertando y gritándole que debe haber un cambio para mejor sus vidas. No escuchen a su ego porque evitará a toda costa un cambio y logrará que tu enojo tome acción sacando estas escrituras de tu vida; él te hará creer que no necesitas mejorar. Si es así, entonces pregúntenle a tu conciencia si en cada una de tus acciones hubo justicia hacia el otro y ella te dará la respuesta.

El mejor amigo del excesivo ego de algunos, es no usar su conciencia. Es la única razón por la que la mayoría de la gente está velando únicamente por sus intereses personales, sin importarles a quién pueden destruir en el intento. De una forma u otra, el éxito que este tipo de personas tiene les está haciendo creer que equivocarse no forma parte de sus vidas y que solo ellos son merecedores de todas las riquezas del universo, olvidando que la grandeza espiritual no se mide por la cantidad de dinero que puedan llegan a tener bajo su poder, sino por la cantidad de vidas que puedan ayudar a mejorar con todos esos supuestos éxitos que están usando únicamente para presumir.

A continuación, encontrarán el significado de la conciencia, pero en este caso, le agregué la palabra neutral, a fin de obtener un mejor entendimiento, ya que he escuchado que muchas personas afirman que su conciencia las está apoyando en cada una de sus acciones, a pesar de saber que la justicia nunca estuvo presente en cada una de ellas.

La conciencia jamás te hará actuar injustamente sobre la vida de nadie, así que para lograr un mejor razonamiento, sin confusiones ni juegos mentales, es necesario comenzar a memorizar este nuevo título: el renacer de una nueva conciencia neutral.

Espero que disfruten estas escrituras y que a partir de lo que logreen leer y entender, activen su conciencia neutral y la conecten de forma directa con el universo. De ese modo, estará más que asegurado que cambiarán sus vidas de manera impactante.

Las manos que ayudan siempre serán más sagradas que los labios que únicamente oran.

Conciencia neutral

Este nuevo concepto será tu oportunidad para reconocer y entender qué decisión tomar: si actuar junto con el bien o en complicidad con el mal; tu decisión traerá consecuencias tanto para tu vida como para la vida de los otros. Por esa razón, la neutralidad te recordará que la justicia es la única que tiene la razón, desde cualquier perspectiva que ambas partes puedan llegar a defender.

En este mundo es más que necesario aplicar una cura inmediata en la mente de cada ser humano, una cura que los libre de esa hambre insaciable; de esa ambición innecesaria que sienten dentro de ellos, ambición que está acabando con todo lo que se atraviesa en su camino, privándolos de intentar ser justos con otros. Es un círculo sin conciencia en el que cada ser humano está luchando por sobrevivir y defender sus intereses personales, prefiriendo matar antes de que los maten: Por esa razón es necesario el renacer de una nueva conciencia neutral. Las personas están actuando bajo sus creencias; sin embargo, no quiere decir que sean correctas. Aun así, están comenzando a creerse ellos mismos y haciéndole creer a los demás, que es su conciencia la que les está dictando esa forma de actuar injusta que tienen en muchas circunstancias, dado que ellos se lo han ganado. Pero no se confundan, la conciencia siempre será neutral porque está bajo las leyes que comandan la verdad universal: la justicia sin obtener ganancia.

La neutralidad es importante para que nosotros, los seres humanos, entendamos que el universo es infinito. La neutralidad es equilibrio, seguridad, confianza, igualdad, esperanza y fe. Una conciencia neutral es imparable, dado que no dañarás a nadie y nadie podrá dañarte a ti; es una energía completamente positiva y justa que te permitirá estar despegado de tus resultados ambiciosos. Esto no quiere decir que no te interesen tus metas, solo que no permitirá que tus ambiciones te controlen. También es importante entender que la ambición no es completamente mala, puedes tener ambiciones siempre y cuando no pierdas frecuencia con tu conciencia neutral. Con una ambición sincera y neutral, sabrás que en cada derrota no sentirás miedos ni frustraciones o fracasos, lo que te dejará como resultado enfocarte más en ese camino al éxito, en lugar de lo que los resultados de cada intento te hagan sentir el problema de enfocarse solamente en dichos resultados y dejar que estos se apoderen de tus sentimientos, ya sean buenos o malos. En este caso, podrían ocurrir tres sensaciones que definirían tu futuro.

1. Resultado: son tan buenos y tienes tantos éxitos de forma consecutiva, que nunca has conocido un fracaso, con lo que podría crecer tu ego con carencia de humildad y creerte el centro del universo. Acá es donde debes entender que fracasar es una circunstancia fundamental en la formación de todo líder, puesto que el fracaso debe enseñarte positivamente a valorar, pero no debe afectarte negativamente ni tomártelo personal, porque es cuando entra el segundo resultado.

2. Resultado: si permites que un fracaso te afecte de forma negativa, te dará como resultado que dejes de confiar en ti, te llenarás de dudas, no creerás en tus ideas, sentirás que no sirves, tu autoestima bajará a una velocidad imparable, el resentimiento hacia los demás te hará creer que todos son culpables de lo que únicamente tú estás atrayendo, nadie más. En este caso, si llegaras a tener éxito, también podrías llegar a ser un gran patán.

3. Resultado: después de muchos éxitos, tu ego te comienza a dominar. La diferencia del resultado numero uno es que en este camino sí llegas a obtener por lo menos un fracaso, pero fracasas al olvidar por completo que debes de mantenerte enfocado en el camino y no en los resultados. En este punto, después de vivir y sentir un buen sabor del éxito, todo lo pierdes y fracasas. Al intentar recuperarte, si es que te quedan fuerzas, lo más seguro es

que intentes aplastar a quien sea que intente interponerse en tu búsqueda de lo antes vivido. Te tomaste tan en serio ese fracaso, que harás lo que sea necesario con tal de nunca más volverlo a vivir.

En la búsqueda de tu éxito puede que se te cierren mil puertas, te sientas completamente derrotado y humillado, pero la neutralidad te volverá a recordar que los resultados no importan, ella te dará la confianza para descubrir que gracias a esas puertas que nadie quiso abrirte, tuviste una de las mejores oportunidades: crear tu propia puerta. Es aquí donde debes tener consciencia y recordar que es el punto exacto para comenzar a tener más y más confianza en ti mismo, nada ni nadie puede intimidarte, así como tú no puedes intimidar a nadie. No aferrarte a los resultados te hará ayudar a los demás para que de igual manera puedan lograr sus sueños; no sentirás envidia alguna y mucho menos tratarás de interferir de forma negativa en los éxitos de nadie, sentirás felicidad plena al saber que tus allegados están viviendo sus sueños, en vez de sentirte preocupado porque crees que te puedes ver afectado por eso.

La conciencia neutral te hará ser libre de pensamientos negativos, te sentirás positivo a cada instante. Acá es cuando entra la magia y abres tu propia puerta con acceso ilimitado al universo entero; el universo te regalará todas sus estrellas porque entiende que no hay forma de que utilices esas estrellas para opacar a nadie, te dará todo lo que has imaginado y tú las usarás para iluminar la oscura vida de otros.

La neutralidad es saber cómo actuar bajo cualquier circunstancia, un recordatorio interno que te avisará que no debes prometer cuando estás feliz, ya que cuando estés enojado podrías no cumplir con lo antes prometido. Es normal que a veces estés triste, pero eso no deberá interferir en tus promesas. Si prometiste estando feliz, deberás cumplir cuando luego no lo estés, o en su defecto, la neutralidad no te hará tomar decisiones apresuradas porque entiende que tus emociones son las que tomarán las decisiones. Siempre tienes que mantener un estado de paz mental en el que la neutralidad sea la única que tomará decisiones, no tus sentimientos.

Este nuevo concepto te hará entender que, así alguien te cause algún tipo daño, ese injusto acto dirigido hacia ti no te controlará, logrando así que tú trates de buena manera a personas que no tienen nada que ver con la situación. Si el músculo neutral está bien entrenado, te recordará que no deberás tratar a los demás como no te gustaría que te trataran a ti. La conciencia neutral no estará nunca de parte de nadie, sino que se enfocará solo en lo correcto, aun cuando te duela. En el momento que el ser humano comience a darle un buen uso a esta neutralidad, controlarán sus iras, ambiciones, ganas de destruir, tentaciones, vicios y millones de malas decisiones más.

La conciencia neutral también tiene que ponerse en práctica en la familia, en la vida, en el mundo personal... Comandado por esta conciencia neutral, nadie puede ir en contra de nadie con tal de defender sus intereses, así sea la esposa que más se ama, dado que se entiende que siempre hay que escuchar las dos versiones de cada historia. Situaciones como estas las hay en casi todas las familias: la esposa llega con el marido para intentar sembrar con sus palabras semillas de duda, odio o de lo que ella pueda estar sintiendo, con tal de defender sus intereses y, quizás, ponerlo en contra de su propia madre.

En mi hogar, en mi templo, no me permito jamás involucrar sentimientos que puedan ir en contra de la igualdad ni de la justicia, ya que en muchas ocasiones la neutralidad no toma protagonismo; es allí cuando permitimos que el amor o los sentimientos nos ganen causando injusticias. Sé que amo completamente a toda mi familia por igual, pero también estoy consciente de que no permitiré que nadie me ponga en contra de nadie. Si mi esposa me viene con palabras llenas de odio en contra de mi propia madre, será únicamente problema de ella y no mío; de igual manera si es mi madre la que en este caso llega con palabras llenas de veneno en contra de mi esposa, también será problema de ella y no mío. Yo, como una persona consciente y neutral, tengo que entender que sus palabras están regidas por sus intereses personales y que mi deber es investigar quién tiene la razón y quién no, entender y escuchar ambas versiones para actuar justamente, así ame con toda mi alma a esas dos personas. De esa manera, pondré en su lugar a la que esté actuando de mala manera.

Es importante controlar todo lo que pienses y sientas porque es allí como, poco a poco, se ha llegado al caos en el que se vive hoy en día. La realidad es que, últimamente, las personas desean de forma rápida y mágica conseguir sus metas, olvidando que todo conlleva un sabio proceso. Las ambiciones aceleradas que muchos están teniendo, indiscutiblemente no pueden ser neutrales al menos que se tenga paciencia y fe: paciencia para controlar las frustraciones de la espera y fe para sentirse seguro de que llegará lo que se desea, pase lo que pase. Sin embargo, normalmente, el ambicioso acelerado no es paciente, lo que tendrá como resultado que se lleve por delante a quien sea, con tal de conseguir lo que quiere de manera inmediata. En cambio, el ambicioso neutral entiende que ser justo es aceptar que hay negocios que deberán perder para no llevarse vidas por delante ni acabar con los sueños de nadie y, por el contrario, ser parte de la construcción del éxito de otros. Son ambiciosos, pero con fe, están convencidos de que llegarán al éxito de la forma más sana posible, entienden que este tardará más tiempo de lo normal, pero están completamente seguros de que al momento de llegar, ese éxito jamás se irá.

Si muchas personas controlaran de esta forma sus ambiciones, el mundo de hoy sería auténtico y no comercial. Ser auténtico conlleva mucho más tiempo y dedicación; esta es la razón por la que las personas comunes han decidido irse por lo comercial, es más rápido y factible, pero con mucho menos valor.

La conciencia neutral es la salvación a todas las desgracias causadas por el hombre. Las tragedias disminuirían en un 99%, ya que no habría manera de que pudieras ser parte de los horribles momentos de otros. Ahora puedes estar preguntándote, qué tiene que ver la conciencia de los demás o, sobre todo, qué tiene que ver mi conciencia con que venga un carro de la nada y, sin yo tener la menor culpa, ese carro acabe con mi vida. La respuesta a esta posible pregunta que quizás te hagas, es que al tener encendida una conciencia neutral, entiendes que no solo importa tu vida sino también la de los demás. Esto quiere decir que si vas manejando un automóvil, no deberías de estar en el teléfono tomando fotos, buscando algo que se cayó en el asiento ni discutiendo con alguien que esté en ese momento, ya que entenderás que no puedes darte el lujo de perder la concentración a causa de lo que tus pensamientos te hagan creer que sea absolutamente necesario resolver. Quizás es necesario para ti en ese momento porque desde tu perspectiva lo es, pero desde la perspectiva de los que están corriendo peligro no lo será; tus erróneas decisiones, automáticamente te colocarán como una herramienta en disposición de acabar con la vida de otro y luego acabar con la tuya, porque tu vida no volverá a ser igual cuando tu conciencia te recuerde cada segundo de tu vida, que por tu culpa otra persona murió. Tu única sabia decisión era tener que manejar, nada más. Puede que este punto te parezca un poco exagerado y ridículo, pero es justamente en circunstancias exageradamente ridículas cuando las personas **no creen,** y es justo allí cuando las tragedias tocan a su puerta para dejarles saber que ya es demasiado tarde para intentar repararlas.

Mi consejo para ti es:

De ahora en adelante, todo deberá de ser leído con la mente en blanco para entender cada circunstancia de la vida desde el punto de vista más neutral posible. Olvida tus ambiciones, todo lo que has aprendido, tu ego, todos los talleres que has tomado, no porque no sirvan, pero serán más efectivos desde una conciencia neutral activada, ya que ninguno de tus aprendizajes ni de tus acciones tendrán valor si no recuerdas ser una persona justa. De nada sirve lo que has de saber si pierdes la conciencia al hablar, porque expulsarás palabras que podrían enfermar la mente del otro; de nada sirve haber leído los libros más reconocidos si pierdes la conciencia al tomar decisiones; sobre todo, de nada sirve todo por lo que has estado luchando si ni siquiera eres agradecido por tener la oportunidad de respirar. Debes entender inmediatamente que a partir de la gratitud es que podrás tener las puertas del universo abiertas para ti.

Cada mentira será una deuda con la verdad que más temprano que tarde habrá que pagar.

Verdad universal

La realidad que estás viviendo es directamente proporcional a la verdad que estás creyendo; cambia de verdad y cambiará tu realidad.

¿Qué es la verdad universal? Para los que actúan a partir de una auténtica conciencia neutral, es aquella verdad que su único objetivo es el de actuar con **justicia**, más allá de cualquier creencia, resultado o verdad, por más beneficios que se puedan llegar a tener.

Sin embargo, para las personas comunes que viven sus vidas felices y conformes sin que les importe intentar descubrir lo que otros pretenden ocultarles, el significado cambiará: es aquella creencia, resultado o verdad que resultará valida en todo momento, en todo lugar y sobre cualquier circunstancia, bien sea constructiva o destructiva. Este significado, si lo ves desde un entendimiento más profundo, se basa en darle valor y credibilidad a cualquier verdad, por lo que gente con poder o determinadas religiones podrían llegar a manipularlo; entonces, sería una verdad falsa, dado que tu punto de vista podría ser afectado por las intenciones y creencias personales ajenas a tus verdaderas necesidades. Es decir, no sería una verdad justa para ambas partes. Esto dará como resultado que la verdad será relativamente manipulada al antojo de muchos que tienen el poder para hacerlo. Daré un ejemplo en el siguiente párrafo del porqué las verdades son relativas.

Para explicarlo de una forma que se adapte a la vida real, hablaré de personas completamente vulnerables al sistema: tienen realidades inhumanas que podrían ser cambiadas, no tienen acceso ni siquiera a un plato de comida; desafortunadamente, esto se debe a que no los dejan creer en una verdad diferente, dado que no les dan la posibilidad de ver y conocer otros mundos ni otras realidades. Por esta razón, la realidad en la que viven será que nunca tendrán la oportunidad de una vida mejor; lo podría ser factible si algunos gobiernos, que son los únicos que tienen el poder para unirse con otras regiones, intentaran cambiar las atroces realidades que estos niños están destinados a vivir. Muchos pequeños mueren día a día de hambre, pero lamentablemente las ambiciones de ciertas personas están en una frecuencia completamente diferente a la del ser **justos**.

Ahora bien, tú que estás leyendo este libro, me encantaría que cerraras los ojos un momento y te enfocaras únicamente en tu realidad y en tus posibilidades para comer las veces en las que sientas hambre; con el simple hecho de tener la oportunidad de pensar en qué comerás el día de hoy, te das cuenta de que tienes opciones para elegir, ¿cierto? De igual manera, ahora respóndete esta otra gran pregunta ¿Por qué no has elegido la opción de completar tus metas? Quizás la respuesta sea que estás creyendo en verdades ajenas que no te lo permiten, que no te dejan ver más allá y, mucho menos, te dejan sentir ni vivir lo que tu imaginación te muestra.

Hazte otro favor y pregúntate nuevamente si es absoluto que tu realidad está en manos de otros o si está únicamente en tus manos la posibilidad de cambiarla. Si una de tus tantas realidades se basa en que te quejas todo el tiempo porque no tienes el dinero necesario, ¡reflexiona! Si logras entender conscientemente que ese trabajo no te da lo suficiente, entonces ¿qué esperas para cambiar de trabajo? Busca creer en otra verdad, en otro trabajo o, mucho mejor, en tu propio negocio; cree en él y en ti, sin importar lo que las demás personas te digan. Nadie te está amarrando para estar en donde no te sientas conforme, si no ves otros mundos ni otras oportunidades es porque tus pensamientos negativos lo están evitando, puesto que tus creencias te obligan a convencerte constantemente de que es imposible alcanzar mejores condiciones. Así que no te quejes y cambia tus creencias, porque tú sí tienes en tus manos la posibilidad de hacerlo; debes sentirte agradecido con tu Dios interno por eso.

Lamentablemente, el destino de esos niños vulnerables está en manos de otros. Al poner estos tristes ejemplos, automáticamente tu conciencia se encenderá y te permitirá ver que no estás logrando tus sueños porque todavía no eres consciente de todas las herramientas que tienes a tu disposición para lograrlo.

Muchas verdades son relativas y manipuladas tanto para ti como para los que te han criado o quizás por tus abuelos, puesto que son cadenas que pueden venir desde mucho antes de que tu familiar más lejano naciera, pero nadie se ha atrevido a romperlas. La buena noticia es que ahora, en tu vida consciente actual, tienes la posibilidad de cambiarlas para intentar mejorar las realidades que pudieras estar viviendo. Solo hay una verdad que no puedes modificar ni cambiar a tu antojo: ser **justos**. Si modificas tu verdad para complacer tus necesidades personales, pero esta verdad modificada influye de manera negativa en las realidades de otros, seguirás con creencias equivocadas y es justamente ahí cuando entran los malos resultados del mundo actual, donde por mucho tiempo, algunos poderosos han comenzado a crear supuestas verdades a su antojo y obligan a que otros actúen inconscientemente leales a ellas, privándolos de vivir sus propias vidas, aun sabiendo que esa verdad que les hacen creer no será la más justa.

La justicia es la virtud que necesitarás recordar en cada circunstancia de tu vida. Es prioritario recordar que las demás personas desean vivir sus **verdaderas vidas**, que no eres nadie ni tienes el permiso de Dios ni del universo para asesinarlos, tienes que recordar que los favores hay que agradecerlos, que debes ayudar al más necesitado, que no debes tratar mal a nadie, que no debes tener prejuicios, que el racismo **no existe** porque todos somos espiritualmente iguales, que una mentira acabará con tu muro de credibilidad, que la fidelidad es una joya invaluable, que no debes suponer, que siempre debes escuchar las dos versiones antes de tomar decisiones y que la **gratitud** te hará ser una persona especial y auténtica. Es interminable la lista en la que debes tener una conciencia justa; esta se verá reflejada hasta en la forma con la que miras a un pájaro. La justicia de una forma u otra es amor y respeto tanto por ti como por los demás.

Hay un problema mucho más grande debido a que muchas verdades falsas, que se han venido creyendo con el pasar de los años, están logrando que las personas actúen completamente anormal, pero que están siendo vistas de forma muy normal. Sabemos que hay personas que mentalmente están enfermas, pero este no es el punto que quiero tocar, el punto importante es que la mayoría de las personas que sí están en su sano juicio, son las primeras que necesitan despertar su conciencia. Estas creencias están acabando con todo, han olvidado la esencia del sexo, ven como si fuera algo normal matar a personas; ven normal separar animales de sus crías; ven normal aplicarle la ley a personas completamente inocentes, por culpa de influencias poderosas que algunos tienen, obligando a otros a pagar por crímenes que no cometieron, de modo que caen presos sin que nadie pueda hacer nada; también se comenzarán a ver normales ciertos actos tan enfermos como la posibilidad de legalizar la pedofilia. Aunque suene imposible, esto es real, es el resultado de ambiciones completamente enfermas que tienen algunas personas que, más temprano que tarde, buscarán la manera de controlar la mente de personas sanas como tú, para que lo puedan ver desde un punto de vista normal, aun que no lo sea; lo harán haciéndose pasar por víctimas, con la excusa de que cualquier ser humano tiene el derecho a enamorarse sin importar la diferencia de edad. Aquí es cuando hago un llamado a cada uno de ustedes para que jamás dejen de creer en la verdad universal que este libro explica, no en las supuestas verdades que otros intentarán manipular. Nunca olvides lo que acá estás leyendo porque lo necesitarás en un futuro, cuando tus juegos mentales comiencen a creer en verdades ajenas, que tienen el objetivo de que aceptes como normales determinadas creencias completamente anormales.

Se entiende que a veces será complicado que la verdad sea justa para ambas partes, pero es necesario que, así tengas que sacrificarte, lo hagas. Nunca actúes si tus acciones vinieran acompañadas de consecuencias negativas hacia otros. Si aprendes a actuar de esta manera en cada uno de tus actos, muchos se burlarán, pero lo que estos burlones no saben es que serás destinado a vivir realidades comandadas por Dios y el universo en las que ningún ser humano tendrá el poder necesario para interferir en contra de las sorpresas que llegarán a ti. El cielo entero te ama y valora tus actos, algo que no se ha podido hacer con las injusticias que conllevan las supuestas verdades de otros. Siéntete orgulloso de actuar bajo verdades justas, aun cuando no te veas beneficiado. Tal vez, creerás que estás perdiendo el tiempo, pero el mismo tiempo te hará entender que así tuvo que ser para darle el lugar necesario a las grandezas que mereces y que han estado esperando el momento indicado para llegar a ti; allí es cuando entenderás el para qué tuviste que perder eso a lo que tanto te aferrabas. Lamentablemente, hoy en día casi nadie actúa de esta forma, cada uno de nosotros se ha convertido en parte de una gran cadena de ambiciones aceleradas y necesarias que ha crecido tanto, que es casi imposible salir de ella, debido a que las personas creen que perderán eso por lo que han estado luchando si intentaran salir de ese circulo malignamente vicioso, para darle vida a un nuevo comienzo: el comienzo de una cadena completamente honesta.

Les daré un ejemplo, de los millones que existen hoy en día, del porqué las verdades siempre tendrán dos caras en las que, mayormente, una de las partes será afectada. Pongamos un ejemplo con dueños de acuarios y zoológicos, este ejemplo se proyectará de la manera más positiva, olvidando que la verdad de estas personas es ir detrás del dinero, pero seamos positivos en cada situación. Imaginemos que estos dueños, en realidad, sienten que tener animales bajo sus cuidados, los salvará de las adversidades que su hábitat les tiene designadas. Bien, ahora pregúntate si ese ejemplo conlleva justicia para ambas partes o no, pero deja que únicamente tu conciencia sea la que responda. He aquí la importancia de siempre ponerse **en el lugar del otro**. Quizás estos dueños sientan que están haciendo buenas acciones guiadas bajo su verdad, pero lamentablemente en este caso, muchos animales están siendo afectados al ser obligados a vivir una verdad ajena. Estos animales merecen estar en su hogar, en lugar de estar atrapados en un hueco donde han sido separadas de sus propias familias. Estos animales tienen la paciencia y el amor que los seres humanos necesitan; encierra a una persona un día entero y su agresividad saldrá a la luz indudablemente, pero estos animales aguantan años encerrados, en pocas ocasiones se desesperan y atacan, son ataques de defensa que los enjuiciarán a morir, ya que serán asesinados por las mismas personas que los cuidan, culpándolos de agresividad, cuando en realidad esas agresividades provienen únicamente del desespero que les causa el hecho de estar encarcelados.

De manera inmediata, los seres humanos deben aprender a tener una conciencia animal para entender el amor incondicional que las mascotas sienten por nosotros. Las mascotas son el alivio que muchas personas necesitan, estas maquinitas de amor hacen que la vida de las personas tengan un mejor sentido, son como esponjas que absorben tus tristezas y te alegran el día. Quizás a muchos le parezca incoherente el hecho de defender a los animales, pero solo los que sienten ese amor verdadero por ellos entenderán que somos nosotros los que necesitamos aprender de ellos. En mi caso, en mi vida personal, si en algún momento me colocaran frente a una multitud y me dijeran que debo enjuiciar algún animal, indudablemente sin ni quiera parpadear, mi mirada sería dirigida a los seres humanos, ya que entiendo que las mascotas tienen en su corazón la medicina que este mundo enfermo necesita.

Los perros son tan puros y fieles que si les dieras una patada y los votaras de tu casa, su corazón no lograría entender el porqué lo hiciste y volverían a ti para seguir dándote el amor que necesites. Ellos jamás serán capaces de matar a su compañero por ambiciones personales absolutamente innecesarias, nunca serían infieles, jamás te darían una patada ni mucho menos te abandonarían; ellos únicamente atacarán para defender al que aman, por hambre o por alimentar a sus crías. Sus malas acciones únicamente serán reacciones ante circunstancias necesarias de supervivencia. Las crisis mundiales, las bombas biológicas, asesinatos, engaños, vanidad, deslealtad, ambición al poder, al dinero, todo lo que está causando que se maten unos con otros, todo eso pudiera cambiar si sintiéramos una cuarta parte del amor incondicional, puro y leal que tiene cada mascota hacia nosotros. Tienen un amor infinito del que ninguno de nosotros está en la capacidad de entender.

Este punto que acabas de leer, será el termómetro que te hará entender dentro de ti, si todavía eres parte o no, de la medicina que este mundo necesita. Si eres de los que siente amor puro por tu mascota, déjame decirte que el mundo necesita más personas como tú, así que debes de ser con los demás el tipo de persona que tu mascota cree que eres.

Los seres humanos están acabando con todo, esa sed de ambición les está haciendo olvidar que los animales sienten mucho más que nosotros mismos, son amor puro y verdadero, pero lamentablemente la falta de conciencia de algunos y su sed de poder está eliminando el poco amor leal que queda en esta Tierra, puesto que no tienen la mínima gana de ser justos; la única justicia en la que este tipo de poderosos cree fielmente, es en la de crecer sus cuentas bancarias, ya que sus pensamientos les hacen creer que así lo merecen. Este tipo de personas deberían de activar su conciencia para que les diga que no se puede pensar por nadie, solo deben intentar sentir por alguien: sentir lo que sus malas acciones y decisiones podrían ocasionarle a otros, esto incluye a la naturaleza, ya que ella es la verdadera dueña de este planeta.

Este punto les explicará detalladamente qué en realidad es verdad y qué no, cómo reconocerla y saber diferenciarla. Siempre será muy complejo, pero es necesario de entender porque estará en tela de juicio cada letra del abecedario. No obstante, no es el aprendizaje que necesitas por ahora, ya que se entiende sabiamente que antes de aprender a reconocerlas, primero será necesario aprender a usar la conciencia al 100%. Por lo tanto, ahora ese sí será el enfoque de estas escrituras, para que al momento en el que una segunda edición llegue, en su tiempo perfecto, se hablará únicamente de las verdades necesarias. Por ahora, espero que aprendan primero a reconocer sus vidas conscientemente para que, de esta manera, abran sus conocimientos con cero ego y puedan entender más profundamente sobre la verdad.

Mi consejo para ti es:

Tienes en ti el poder para ayudar, pero debes comenzar por ti, por romper ese circulo ambicioso que aunque no creas, sí eres parte de él. Es entendible que cambiar el mundo no dependerá únicamente de tu cambio, pero hay algo que sí puedes hacer: comenzar a controlar tus acciones para que le des esperanza a personas y animales que te rodean, esperanzas de vivir realidades diferentes a la que están siendo destinadas. ¿Quieres mejorar tu vida y tus realidades? Busca creer en una nueva verdad, pero asegúrate de que provenga desde lo más profundo de una persona con una conciencia justa. También entiende que ninguno de tus logros, por más exitosos que se vean, tendrán valor si fueron conseguidas por medio de las desgracias de otros.

Ego

El ego es la excesiva y destructiva valoración de uno mismo.

Con el pasar de los años, las personas han cambiado la perspectiva de la verdad, lo que los conlleva a vivir una vida manejada únicamente por ese destructivo ego. Esto ha sucedido por que han exagerado su manera de valorarse a sí mismos, de tal manera que, inconscientemente, ese incontrolable ego les hará olvidar la importancia que las vidas ajenas también merecen. Esto a su vez, los llevará automáticamente a no poder darle un mejor resultado a sus vidas. Lo anterior quiere decir que muchos se valoran de tal manera que no se abren a nuevos aprendizajes; creen que lo saben absolutamente todo y que nadie tiene lo necesario ni es capaz de ser mejor que ellos; no entienden que todos tienen algo valioso que aportar. Acá se hablará de ese negativo ego que tienen algunas personas, ego que pudiera estar evitando el mayor de sus éxitos, debido a que trabajan en pro de intentar aparentar ser mejores que los demás, en vez de que trabajar humildemente para ser alguien de provecho, pero de manera real.

Las personas a las que su ego no les permite abrirse a escuchar, a ver, a sentir, a entender y aceptar lo que otro pudiera enseñarle, no son más que una exagerada valoración de ellos mismos. Tienden a ser personas débiles que defienden lo poco que en realidad pueden llegar a tener, tienen miedo de perder eso que tanto valoran, miedo a escuchar a que otro les diga una verdad positiva que de una forma u otra, elimine eso negativo o equivocado a lo que su ego los hace aferrarse. Estas personas tienden a estar llenas de prejuicios hacia los demás, con el único fin de conseguir excusas para convencerse ellos mismos y no tener que escuchar a nadie, no les interesa en lo más mínimo lo que otros digan, así sea un excelente consejo o una extraordinaria clase en la que su maestro sea menor que ellos o de algún estatus social inferior al que ellos tienen o quisieran tener, incluso llegan hasta discutir lo que un libro tenga escrito. Claro que tienen derecho a que su punto de vista ponga en tela de juicio eso que leen o que escuchan, pero el problema está cuando creen que sus verdades son las únicas que tienen el derecho de ser escuchadas y valoradas sin que nadie pueda contradecirlas. Ojo, no confundas ese concepto, está bien creer fielmente en tus verdades (siempre y cuando se rijan bajo una conciencia neutral) y entender que lo que otros te digan no tiene por qué afectarte ni tomarlo de manera personal; eso está muy bien, pero eso no tiene nada que ver con ser humilde y darte la oportunidad de escuchar a los demás. Puedes escucharlos sin que te afecte lo que escuches o veas, toma lo que creas que sea positivamente necesario para tu vida y desecha lo que no. El problema con estas personas egocentristas es que ni siquiera le permiten a los demás, ni a ellos mismos, una oportunidad de que alguien sí pudiera tener algo positivo para aportarles. Sí hay personas muy sabias a las que debemos escuchar, esto es real; pero si te sientes mejor que otros, automáticamente estarás perdiendo una oportunidad fundamental que quizás te posicione en el lugar correcto para cumplir a tus sueños.

El ego los vuelve víctima de sus peores temores, uno de ellos es el miedo al fracaso; no se creen merecedores de fracasar porque su mismo ego no les permite entender y aceptar que la palabra "éxito" está compuesta de muchos fracasos que obligatoriamente son un condimento fundamental para que el sabor del éxito sea auténtico y duradero. El que tiene éxito sin fracasos, jamás tendrá el placer de sentir uno de los sabores más maravillosos del mundo.

Las personas que viven controlada por su ego, siempre creerán que el fracaso es de los débiles, no logran entender que ese ego no los está protegiendo; al contrario, los está alejando y obligando a quedarse siempre en el mismo lugar. Es una simple reacción a la realidad que los azota, sin saber que todo por lo que luchan está del otro lado de lo que su ego no les permite ver. Deben soltar, equivocarse, levantarse con más experiencia, volver a caer, volver a levantarse, explorar, seguir explorando, aprender, conocer y escuchar siempre con humildad, y encontrarán lo que buscan.

El ego de algunas personas que de una forma u otra son poderosas e influyentes, cuando benefician el progreso de otros, ya sea un jefe de oficina, un director de televisión, un empresario, etc., es tan potente que se creen merecedores de la gratitud de por vida de sus seguidores. La ayuda auténtica que provenga de una persona humilde sea poderosa o no, jamás pedirá nada a cambio, puesto que solo buscan darle una luz de esperanza al más necesitado o al que se lo haya ganado con esfuerzo. Sin embargo, la ayuda que provenga de un poderoso egocentrista será una ayuda hipócrita, dado que de forma silenciosa pedirá algo a cambio, pedirá también que estés a su disposición cuando y como él quiera; el día que no reciban lo que su ego les exige, tú serás el mal agradecido. Esto quiere decir que si alguna vez uno de estos egocentristas te presta un favor, dentro de ellos sentirán que tus futuros logros fueron gracias a ese favor, de esta manera su ego les hará sentir que tu vida es de ellos. Es importante que no te dejes manipular ni sentirte menos que nadie, no tienes por que estar a disposición de ellos, eres libre y también muy poderoso, si alguien te hizo un favor, diles de corazón: ¡muchas gracias!, pero no tienes porque permitir que ese favor te esclavice o te obligue a hacer algo en contra de tu propia voluntad. Recuerda que la ayuda auténtica, con una conciencia neutral, no pedirá nada a cambio, solo verte progresar: ese será su único interés.

Mi consejo para ti es:

No permitas que tu ego te domine ni mucho menos permitas que el ego de supuestos poderosos te esclavice. Siempre tienes que ser agradecido, pero tu vida no puede ser manejada por disposición de quien te ayude. Permite que la conciencia te recuerde que la ayuda de un verdadero líder es la que en realidad merece tu energía; aun así, como proviene de un ser humilde, no te la pedirá.

Comparaciones

Las comparaciones siempre van a existir, pero suelen ser mal entendidas.

Las personas que son manejadas por el ego y que no les gusta ser corregidas, suelen despreciar enormemente las comparaciones, nadie podrá nunca compararlos porque se lo tomaran personal, sin entender que ellos viven en una constante comparación ante los resultados de otros, pero no de manera positiva, sino con el único objetivo de convencerse a sí mismos de que van a la delantera.

Comparar sabiamente conllevará siempre un gran entendimiento que te dará la capacidad de diferenciar absolutamente todas y cada una de tus acciones o movimientos, ya sea para mejorarlas, cambiarlas, repararlas o darte un constructivo reporte de lo que has podido lograr y qué no. Básicamente, las sanas comparaciones son las que te ayudarán a tomar las mejores decisiones y te brindaran la oportunidad de mantenerte en un constante agradecimiento hasta por todo aquello que has perdido, porque de una forma u otra, reconoces que así tuvo que suceder para darte la gran estabilidad que tanto necesitabas.

No podrías valorar a tu pareja actual si anteriormente no tuviste a alguien que solo llegó a hacerte daño; no podrás valorar la luz, si anteriormente no viviste en una absoluta oscuridad; no disfrutarás de los beneficios del temeroso fuego, si no has sentido frío; no podrás valorar tus zapatos, si anteriormente no luchaste para conseguirlos. ¿Cómo sabrás si un helado está bueno si nunca has probado otras diversidades?

¿Cómo será posible que las personas logren entender las diversidades si no existe una comparación? Básicamente no habría manera de valorar nada en tu vida si no te regalaras el tiempo para comparar tus éxitos actuales con los anteriores y necesarios momentos difíciles. Si aprendes a nunca tomarte como personales las comparaciones que alguien intente hacerte ver, con el único fin de que entiendas un posible error, tendrás la oportunidad de enmendarlos; de lo contrario, jamás será posible. Las comparaciones son las que te darán la oportunidad de apreciar lo que has tenido, lo que tienes y lo que en un futuro llegará, cuando circunstancialmente algún mal momento te haga olvidar el valor que merecen tus esfuerzos.

El que logre entender este concepto, desde un punto de vista positivo, obtendrá una apreciación constante de sus logros, porque sin una comparación será imposible que una persona pueda diferenciar la milagrosa vida que tiene, comparada con personas que no tienen las mismas oportunidades. Es completamente entendible que siempre existirán personas que pensarán que no tienen por qué compararse con nadie, su vida es su vida y no les interesa la de otros, pero serán las mismas personas que no le regalarán al más necesitado la posibilidad de ser ayudados, ya que su vida será la única importante ante sus ojos, ojos que ven únicamente por medio de ese destructivo ego. Si no logran comparar, no podrán ver jamás que las demás personas necesitan de ellos.

Mi consejo para ti es:

Las comparaciones son regalos, oportunidades positivas y constructivas tanto para ti como para la vida de otros; pero si alguien llega a ti con comparaciones destructivas, con el único fin de quitarle valor a tus actuales logros, deberás ignorarlos. Si intentas validar o comparar tus esfuerzos contra los de ellos, terminarás cayendo en un juego al que ellos están acostumbrados, por lo que ganarán por obligación, logrando así su cometido al hacerte dudar y creer que no has logrado nada.

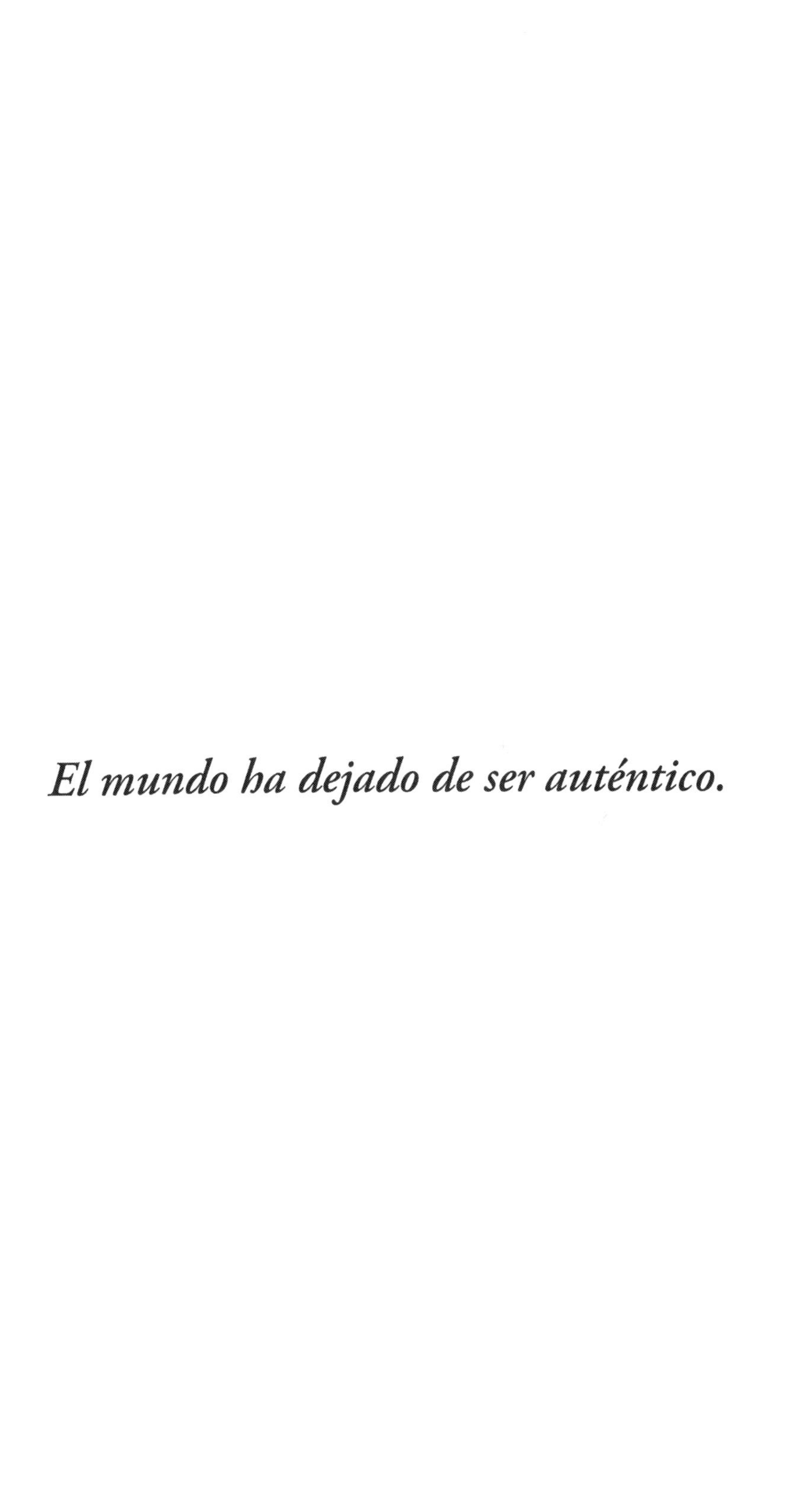

El mundo ha dejado de ser auténtico.

Mundo actual

Es importante comparar los falsos resultados del mundo actual con un mundo que intenta ser auténtico .Esta comparación dará un gran entendimiento de todo lo anormal que hoy en día está siendo visto y aceptado como si fuera normal. La mayoría de los seres humanos vive con un ego tan elevado, que defenderá a capa y espada sus intereses personales, puesto que de una forma u otra, les ha brindado un supuesto gran éxito. No obstante, este ego está evitando que la conciencia ponga en tela de juicio todas aquellas acciones exitosas que podrían cambiar al mundo para mejorarlo.

Estamos en un mundo donde la mayoría no logra entender sus errores, debido a que los pocos que sí logran verlos no tienen la fortaleza de hablarlos, quizás porque serán llamados negativos o envidiosos, entre otras cosas, pero la realidad es que la negatividad no tiene nada que ver con el hecho de aceptar que algo se está haciendo mal.

Estamos en un mundo donde las personas están perdiendo su autoestima inconscientemente, debido al uso constante de aplicaciones que lo único que ofrecen es mostrarles un Yo que no existe, aplicaciones que están logrando que las personas pierdan la importancia de valorarse físicamente tal y como son. Si quieres un cambio físico, debes lograrlo con esfuerzo para que puedas ver la importante diferencia que te mostrará un verdadero cambio duradero que fue luchado, en lugar de ver una diferencia fugaz y destructiva que terminará cuando apagues la aplicación y sigas siendo el mismo.

Estamos en un mundo donde, equivocadamente, las personas bailan canciones con letras que consecutivamente las denigran con cada palabra. Está muy bien no tomarse nada personal, la diversidad de géneros es divertida y necesaria, pero hasta cierto punto, quizás para pasarla bien un rato o para que en cierta forma, exista una competencia, pero el problema es que están sobrevalorando lo que deberían de estar evitando. No se debería de apoyar géneros musicales en los que exista una constante destrucción de la integridad y el respeto hacia la mujer. Tanta es la importancia que se le está dando a unos cuantos cantantes, que se les está premiando como si fueran los mejores compositores, por canciones que lo único que contienen son insultos para la sociedad, sociedad que de una forma u otra se lo ha ganado por darle fama a estos mal nombrados artistas, en vez de darle valor a los pocos que verdaderamente sí se lo merecen. Lo más triste de este punto es que los niños están creciendo con un tipo de música ofensiva, sin entender que inconscientemente va a influir en su forma de actuar, haciéndoles creer que es normal que un hombre insulte a una mujer puesto que si sus ídolos lo cantan, entonces es correcto.

La sociedad no entiende que la música es una gran influyente en el comportamiento del ser humano, inspirándolo para lograr cosas increíbles, incluso, como medio de terapia. La razón por la que hoy en día será imposible volver a conocer estrellas como las que se veían en la década de los 70' y 80' es, desafortunadamente, porque los productores están más enfocados en vender más, que en crear verdaderas estrellas. Si desean premiar a estos llamados cantantes, sería excelente crear un nuevo evento en el que este tipo de letras pudieran obtener un reconocimiento acorde con su bajo nivel, pero que no transformen la industria musical quitándole reconocimiento a los cantantes que sí entienden la importancia de una armoniosa composición musical para poder mejorar vidas. Se entiende que cada cantante merece reconocimiento, pero cada quien en su debido puesto, sin humillar a los verdaderos y auténticos compositores. La autenticidad musical no parece necesaria cuando los consumidores no la exigen.

Estamos en un mundo donde las relaciones, tanto en mujeres como en hombres, se valora más al extraño que llega con falsas promesas, que a las promesas que su pareja cumple con su propio sudor y esfuerzo para darle un futuro mejor.

Estamos en un mundo donde a la gente se le hace más fácil culpar a los que están en la punta de la pirámide, en vez de aceptar que la fuerza está en la unión de multitudes. La culpa no es del poderoso, la culpa es de todos los que aportan para que esa persona pueda llegar al lugar correcto para que pueda abusar de su poder. Si no quieres un mundo corrupto, no des pie a que la corrupción actúe.

Estamos en un mundo donde muchos se quejan porque ya no los buscan por su talento, sino por placer y por dinero a cambio de algún trabajo que lejos está del talento, pero la culpa es únicamente de quien acepta estas propuestas. Mentes enfermas siempre existirán, pero el enemigo propone y tú dispones; deja de darle al enemigo lo que quiere y verás cómo cambiará su método.

Estamos en un mundo donde todavía existen personas que ven diferencias entre nosotros, cuando en realidad todos somos espiritualmente iguales. Para mis ojos no existe estatus social ni mucho menos diferencias de razas, porque de ser así, inconscientemente estaría creando prejuicios. En mi universo solo existen personas y animales vulnerables a las que hay que ayudar.

Estamos en un mundo donde ya nadie respeta los códigos que se deben seguir al pie de la letra. Estamos llegando a una Era donde matar será legal y tan fácil como respirar; donde tocarle las partes intimas a la mujer de otro en su propia cara será tan normal, que si a esa persona se le ocurre reclamar, esa gran falta de respeto será llamada: celos; donde primero se acuestan y luego se conocen. De hecho, hoy en día hay personas que lo ven completamente normal, bajo la excusa de que es absolutamente necesario para saber si la persona vale la pena.

Estamos en un mundo donde la humanidad sigue sin entender que los animales sienten dolor, donde no terminamos de aceptar que los únicos animales somos nosotros.

Estamos en un mundo donde si un famoso habla mentiras por montón, la mayoría se las cree y las imita, pero si alguien considerado como un 'don nadie' les dice una indispensable verdad, será completamente ignorado.

Estamos en un mundo donde antes de que te den la oportunidad para demostrar tus talentos y habilidades, te preguntarán de cuantos seguidores dispones en tus redes sociales, convirtiéndolo automáticamente en un mundo comercialmente ambicioso, pero no talentosamente auténtico.

Estamos en un mundo donde las personas se endeudan comprando tecnologías, sin entender que estas serán las causantes que evitarán que puedan concentrarse en la construcción de su propio futuro.

Estamos en un mundo donde las personas pagan miles de dólares para que un empresario considerado como exitoso, los anime. Sin embargo, cuando salen del evento, no pasan más de seis horas sin que automáticamente pierdan consciencia de lo que escucharon.

Estamos en un mundo donde un enemigo es más honesto que tu propio amigo; mismo amigo que deseará verte bien, pero nunca mejor que él.

Estamos en un mundo donde la mayoría de los seres humanos abren su nevera, observan la cantidad de comida que tienen a su disposición, cierran su nevera y luego dicen que no han conseguido nada en la vida. Sin tan quisiera pudieran pensar que hay millones de niños que darían su vida por el simple hecho de poder disponer de esa comida, que la mayoría tiene a su antojo 24/7, las cosas serían diferentes.

Estamos en un mundo donde se logrará legalizar la pedofilia y la gente comenzará a verlo normal.

Estamos en un mundo donde se podrían escribir muchos libros con cada uno de esos errores normalizados que se están cometiendo, pero que de todas formas, no serán tomados en cuenta por casi nadie, ya que quienes los reflejan no son considerados como figuras importantes. Solo acabarás de leer el 1% de los trágicos errores actuales, pero el otro 99% lo sabrás en el momento que aprietes ese botón que encenderá tu conciencia o de lo contrario, seguirás aceptando como algo normal todas esas anormalidades ambiciosas de otros.

Mi consejo para ti es:

"No seas un zombi más de esta sociedad."

Si amas con verdad
regalarás oportunidad.

Amor universal

El arte de amar es un sentimiento auténtico que no te permitiría jamás sentir ningún tipo de interés egoísta; incluso, podrías sacrificar tu vida en nombre de alguien a quien realmente amas. No obstante, si eres consciente, sabrás que ningún amor auténtico dejaría que eso sucediera.

El verdadero amor fortalecerá al más débil, pero el que ame equivocadamente, se debilitará; el amor sana, no enferma; el amor evita cualquier vicio, pero mal entendido empuja a caer en la falta; el amor ayuda, no destruye. El amor únicamente destruirá a todo aquel que tenga un mal entendimiento de él, llevándolo a su mal uso y toma de decisiones erróneas.

Uno de los peores entendimientos del amor llegará a la vida de todo aquel que se obsesione por algo o alguien que no podrá obtener, llevándolo a confundir el amor con obsesión. Esta misma obsesión lo llevará al desespero y será justo en ese momento cuando se pierda el verdadero amor y comenzará el mal concepto de él, que lo único que causará será destrucción. Confundir el amor con obsesión es un de las diferencias que las personas no logran ver claramente, pueden pasar una vida entera pensando que están enamorados, cuando en realidad no lo están. Esto ocurre porque en medio de ese proceso pierden por completo el amor propio, el tan importante amor propio que es el comienzo y el fin de todas las tragedias sentimentales. Sentir ese amor por ti mismo es llenarte de confianza, respeto y conocimientos para que jamás puedas causarte daño ni dañes a los demás. Si te respetas lo suficiente, sabes muy bien el tipo de persona que merece estar a tu lado porque confías en tu conciencia cuando ella te manda señales para que entiendas lo que vales y no recibas menos que eso en tu vida, pero si no sientes ese amor propio, la desesperación no te dejará sentir las señales y te obsesionarás por intentar obtener obligatoriamente a esa persona que tanto te rechaza.

El mito al que hemos llegado hoy en día, cuando unos a otros se aconsejan diciéndose: "El que se enamora pierde", le da vida al mal entendimiento del amor; a final de cuentas, la única realidad es que sufren gracias a la falta de amor y conciencia que sienten en sus vidas.

El amor no fue creado para causar destrucción, dolor, miedo, duda, resentimiento ni mucho menos venganza, son las personas las que transforman su verdadero significado para intentar arreglar de forma obligatoria sus vidas, sin importar lo que el otro pueda estar sintiendo; no entienden su verdadero trabajo y por esa razón están destruyendo todo. Los que están arriba de esa tan famosa pirámide usan la palabra amor con el fin de saciar sus ambiciones, dicen amar a su pueblo, pero son los mismos que lo destruirían si no estuviera de acuerdo con algunas de sus decisiones; lo único que están creando es rencor, cuando la conciencia dicta lo contrario.

La falta de amor y el odio que se ha ido creando entre las mismas personas hoy en día, los ha llevado a desarrollar más amor por los animales, de modo que algunas personas lloran más cuando ven que le hacen daño a un animal, sin que les cause ningún tipo de dolor ver cómo matan a otro humano. La humanidad está perdiendo sensibilidad y esto es causado porque están comenzando a entender que los animales no matan por ambición, solo por la necesidad de alimentar a sus crías, se cuidan entre familias, son fieles y aman a sus dueños con tanto amor, que morirían por ellos. Los perros sienten un amor tan puro y real que la misma palabra amor se queda pequeña, no hay manera de describir ni de que nosotros, algún día, podamos entender ni mucho menos sentir lo que estas mascotas sienten por nosotros, ellos tienen dentro de su alma la medicina que este mundo tan podrido y enfermo necesita.

Mi consejo para ti es:

El amor jamás causará daño ni dudas. Si es así, estás en el camino equivocado. El amor tiene como trabajo darle oxigeno a los seres humanos, el amor no tiene interés ni causa tentaciones. Mantén siempre una conciencia neutral con amor propio y te darás cuenta de que el amor no es el sufrimiento que has vivido hasta ahora o como alguien te lo ha descrito; ten amor por todo lo que haces, por cada palabra que de tu boca sale, por todo lo que tus acciones pueden causar en la vida del otro; ten amor por las plantas, por los animales, por tu familia, por la comida, por los más mínimos detalles de tu día a día; pero sobre todo, ten amor por Dios y por ti mismo. Entiende que todo lo que quieres para tu vida se verá reflejado por medio de tus acciones hacia los demás. Cuando llegues a sentir este amor, el universo se abrirá y te dará lo que mereces.

Amor propio

Nada de lo que hagas en este mundo tendrá sentido si no sientes amor propio.

Es el principio de todo, es la puerta que abrirá todo lo magnífico que podría llegar a tu vida. Todo lo que sale de tu boca será un reflejo de lo que sientes por ti, si no tienes amor propio, será imposible que puedas darle amor a los demás; si no eres honesto contigo mismo, todas tus acciones hacia los demás serán falsas. No tener conciencia de que es necesario usar el amor propio en cada circunstancia, te llevará a tener momentos y estados de ánimos que te dominarán y evitarán que seas razonable porque si estás mal, tratarás mal; si estas feliz, prometerás para luego estar enojado y no cumplir tus promesas. Nada cambiará si de verdad no comienzas a conocerte a ti mismo y, sobretodo, a valorarte para poder dar ese primer paso que se le hace tan difícil a las personas: aceptar. La aceptación de uno mismo tal y como es, significa entender que si no sacas ese tóxico ego de tu vida, jamás podrás dar ese primer paso porque él no permitirá nunca que aceptes tus defectos ni tampoco tus virtudes, ya que dicho ego te mantendrá enfocado en castigarte cada vez más y no te dejará conocer todo el ser maravilloso que eres. La aceptación es un arma fundamental en este proceso y si no comienzas por ese tan indispensable punto, se te hará imposible amarte, pero más imposible aun será conseguir que otros lo hagan.

Todo esto ocurrirá cuando te des el tiempo y la oportunidad de meditar. Atrévete a estar solo, a dejar el miedo a la soledad; sé valiente, solo los débiles de conciencia necesitan compañía para estar felices porque viven dependiendo de lo que otros les aporten.

Si logras aceptarte tal y como eres y fortaleces el amor propio, no habrá quién te derrote; allí es cuando llegará esa *persona luz* a la que has estado buscando desesperadamente en lugares equivocados, una buena pareja, una buena máquina que recorrerá ese camino contigo. Habrá defectos en esa *pareja luz* que llegará a tu vida, es normal, pero serán defectos manejables, no tóxicos; serás consciente y sabrás diferenciarlos. Pero como tu conciencia es un arma para siempre construir y nunca destruir, tienes que entender que quizás a tu pareja sí le afecten los defectos personales y puedan estar perturbándolo, aunque tú los veas muy normales; por eso, jamás te burles ni lo hagas sentir pena por ellos, hazle saber que estás enamorada de sus defectos y verás como, poco a poco, los irá olvidando. Tu conciencia estará construyendo para que otra persona logre aceptarse y que el amor propio tome las riendas. Verás cómo esa persona de igual forma, ayudará a otra, y a otra, hasta que poco a poco ese tóxico círculo de burla hacia los defectos de los demás, desaparezca. Ahora ya estarás entendiendo por qué hay personas que se burlan de otras, la respuesta es: porque no se aman, y lo que otros en el pasado hicieron con ellos, ellos los harán en el presente con alguien más, con el único fin de destruir autoestimas y de que otros sientan lo que ellos sintieron.

La importancia de mantener en cada circunstancia este circulo de amor propio es fundamental para la felicidad en cualquier aspecto, ya que hay personas que aceptan que sus parejas las hagan sufrir, solo porque se creen merecedoras de ese dolor; en su conciencia está lo que en el pasado hicieron con alguien más, pero es indispensable entender que no eres merecedor de ningún dolor ni de que te hagan sentir.

Todos tenemos miles de oportunidades, siempre y cuando, de manera consciente, las fallas se reparen para nunca más volverlas a cometer. Si hiciste sufrir a alguien, pero ya entendiste tu error, no tienes por qué permitir que lo hagan contigo, dado que no es un castigo que obligatoriamente tienes que pagar, porque ya eres consciente del dolor que alguna vez causaste en la vida de alguien. Tu mente quizás te diga que necesitas ese sufrimiento para ser perdonado, pero no la escuches; grítale con todo tu ser que mereces a una persona que te perdone por tus errores. Si esa persona es consciente, entenderá que todos, alguna vez, han cometido equivocaciones. Quizás lo que esté sucediendo es que eres tú quien no se ha perdonado; si es así, la falta de amor por ti es más que necesaria para que puedas conseguir esas oportunidades que jamás pensaste volver a merecer.

Mi consejo para ti es:

El amor propio debería de ser la única pandemia, no la venganza por querer que otra persona sienta el mal que alguna vez te hicieron. Rompe ese círculo vicioso y ámate, ¡ámate porque no mereces llenarte de malas energías ni de negatividad! Antes de hablar, recuerda que cada frase que le digas al otro o cada consejo que des, en realidad será tu amor propio el que hable. Convéncete de que no eres merecedor de ningún maltrato que tu pareja te pueda estar dando, aunque tu mente te diga que tiene razón. Cuando tu conciencia ya te hizo reconocer tus errores y nunca más los volviste a cometer, no tienes porque castigarte; te mereces todo lo bueno del universo. Todo lo que permitas que los demás hagan contigo, no es más que el reflejo del amor que sientes por ti; si no te amas, tampoco otros te amarán, y tu rencor logrará que hagas lo mismo con otras personas, de modo que esta cadena nunca acabará.

Te invito a estar en completa soledad para que te veas obligado a descubrir a esa persona excepcional.

Soledad

La soledad es una magia inimaginable que no muchos tendrán la valentía de experimentar.

La soledad le demuestra al más débil lo que es capaz de hacer y lo que es capaz de lograr. Las personas que se someten a una completa soledad, a su vez están creando un campo magnético tan enérgico y potente que cualquiera que a su lado se pare, sentirá esa llamativa luz, luz que no es más que radiaciones de amor por sí mismo.

No sabrás lo que eres capaz de lograr y de sentir, hasta que no te veas en la obligación de estar en completa soledad. Pero hay que tener mucho cuidado y control con esto, ya que la soledad tiene un gusto tan divino y adictivo, que puede que te acostumbres a ella y querrás estar solo el resto de tu vida; ¡Ojo!, esto no es malo, si te hace feliz, ¡hazlo! Lo malo es cuando esas radiaciones de amor que proyectas, comienzan a atraer a otras personas a las que, sin darte cuenta, las harás sufrir porque se volverán un estorbo para tu vida. En ocasiones, tienes tanto amor propio que no necesitarás de la compañía de nadie, porque sabes que eres capaz de todo por ti mismo. Lo más sano que puedes y debes hacer, es decirle a esa posible pareja que a tu vida llegue, justo después de esta soledad, que tenga paciencia; habla con ella o con él, porque sentirán tu rechazo. Si de verdad sientes que te interesa para una duradera relación, necesitaras tiempo para adaptarte nuevamente a la compañía de alguien más, que no sea la tuya.

La unión de la conciencia, junto con un buen corazón, te convertirá en una persona indestructible ante cualquier sentimiento que podría llegar a afectar tu vida y, al mismo tiempo, protegerá los sentimientos de otros sin causarles daño. Esto quiere decir que muchas veces un corazón dolido no piensa, solo actúa olvidando por completo su conocimiento, con lo que evita actuar correctamente. Permitir que únicamente un corazón dolido sea el que tome las decisiones, podría llegar a causar mucho daño. Un verdadero ser humano consciente tiene que saber cómo y cuándo controlar sus emociones si estos intentan tomar las riendas de sus pensamientos. Sin duda alguna, la soledad será la mejor maestra para lograr el autocontrol mental indispensable.

La mayoría de las personas evitan la soledad por el temor que les causa tener que enfrentarse a sí mismas tal y como son, temores que al no ser superados ni aceptados, te obligarán a tener que aceptar cualquier tipo de compañía, con tal de que esta les ayude a evitar ese incomodo momento en soledad. Ese terror los obligará a conseguir rápidamente a quien sea, dando la oportunidad de que un ser oscuro entre en sus vidas, con el único fin de apagarlos y destruirlos.

La soledad es un reencuentro contigo mismo, que se debe practicar día tras día. Los sabios suelen estar solos, son personas con una energía y una sabiduría increíble, entienden que la soledad los mantiene enfocados en ese importante camino personal. La soledad es tu amiga, es entrenamiento, fuerza, inteligencia, entendimiento, formación, seguridad, aceptación y descubrimiento; te enseñará a no depender de nadie, puesto que en ese espacio que te permitas tener, entenderás que si tu felicidad llega a depender de alguien a quien puedas perder, vivirás en una esclavitud de por vida, dado que tu alegría y tu luz estarán a merced de otro.

La soledad es tu mejor maestra. Si aprendes a vivir en soledad durante algún tiempo considerable, cuando salgas, verás cómo los que a tu al rededor estén, sentirán la enorme necesidad de aprender de ti, te preguntarán qué hiciste para verte tan radiantemente bien; tu respuesta será que aprendiste amar tus defectos y pudiste encontrar tus virtudes. Seguramente, te mirarán de forma extraña porque no todo el mundo entiende que el reflejo de mantenerse siempre positivo y alegre, proviene de uno mismo. Es por esa razón que muchas relaciones pretenden que su pareja les proporcione plena felicidad, cuando ni ellos mismos son felices; las parejas son un complemento, no son un empleado que tiene como trabajo mantener la felicidad de nadie.

Mi consejo para ti es:

Aprende a sentir la magia de la soledad; lo más importante que ella te enseñará es que no debes de darle acceso de tu luz personal a personas que no tengan ni la más mínima intención de brillar igual que tú, ya que intentarán apagarte con su oscuro y tóxico interés. La persona que elijas como acompañante, será el reflejo del amor propio que sientes por ti. Nunca creas que un clavo sacará a otro, unirte rápidamente con otra persona para intentar sacar a un ex-amor es el peor error que puedes cometer; la soledad y el reencuentro contigo mismo es lo único que te curará. Al salir de una relación e inmediatamente entrar en otra, lo único que lograrás es no darte el tiempo de entender que eres tú el único culpable de seguir consiguiendo personas tóxicas. Si no te das el tiempo para amarte en soledad, no sentirás nunca la necesidad de conseguir personas valiosas.

Autoestima

La autoestima es el aprecio que sienten los seres humanos por sí mismos.

Lo que no muchos entienden es que la baja autoestima que tienen algunas personas que no han logrado ser conscientes de lo mucho que valen, es por darle prioridad y valor a palabras de gente que está internamente destruida; este tipo de gente tiene el único objetivo de apagar la luz interna tan brillante y hermosa que muchos tienen para que, de esta manera, tomen decisiones erróneas que los llevará a la auto-destrucción. Ese tipo de personas negativas son una especie de cazadores venenosos que están estudiando en todo momento los puntos débiles de personas potencialmente talentosas para poder usarlos en su contra y lograr bajarlos al nivel de ellos. Estos cazadores son conscientes y muy inteligentes, ya que logran ver el poder auténtico que otros tienen, por esa razón quieren destruirlos. Las intenciones de estos cazadores no es ser mejores, su único interés es lograr que los demás sean como ellos.

Estos cazadores suelen ser personas muy cercanas tal como familiares y, en muchos casos, hasta la misma pareja; quieren que jamás te des cuenta del potencial que tienes. Esto también sucede, en la mayoría de los casos, en los trabajos donde tu propio jefe siente miedo de que puedas superarlo; de modo que si se siente amenazado, buscará la manera de usar algún defecto que tengas, en tu contra, para tomar ventaja.

Uno de los *tips* para que nadie pueda bajar tu autoestima, por medio de un defecto que tú mismo has demostrado que te afecta, es enamorarte de ese defecto. El que más te afecte, enamórate locamente, pero si no logras enamorarte de él, entonces aplica la burla; sé que suena loco, pero está asegurado que funciona al 100%. Si tú mismo te burlas de ese defecto que tanto te afecta, nadie podrá usarlo en tu contra porque les estás demostrando que ese defecto no te afecta. Al demostrarle a ese cazador venenoso que no te sientes afectado, te aseguro que no lo usará en tu contra.

Recuerda nunca tomarte nada personal, si una persona se burla de tu calvicie, recuerda que ese cazador siente miedo de algún día quedarse calvo, por eso intenta hacerte sentir lo mismo que él siente. Todo lo que te digan es un reflejo del amor propio que la otra persona tenga por sí mismo, tanto positivo como negativo.

Si tú eres uno de los pocos que están creando un negocio o un proyecto personal y quieres superarte, es importante que entiendas este punto: las personas más allegadas a ti van a ser los que menos apoyo te den; su apoyo será de la forma más hipócrita posible porque quieren verte bien, pero no mejor que ellos. Nadie creerá en tu potencial hasta que te vean en la cima, luego llegarán con palabras positivas, pero hipócritas, dejándote saber que siempre supieron que llegarías lejos. En tu proceso de llegar a la cima te darás cuenta de que el apoyo que recibirás, será de personas inimaginables. Es importante que no trates de entender por qué tus propios amigos nunca fueron capaces de creer en ti. Hasta ahora, yo tampoco lo he entendido con certeza, ya que en mi universo, en mi mundo personal, la envidia no tiene lugar y no hay nada que me de más satisfacción que ver a un amigo triunfar. Lo importante es que no pierdas tus energías intentando entender a esos cazadores venenosamente silenciosos, enfócate en llegar a la cima con o sin ayuda, pero ten conciencia siempre de que tú sí estarás ahí para ayudar. Sé diferente y auténtico y jamás apagues esa luz interna que tienes. La gente oscura siempre va a existir y tienes que ser agradecido por eso, ya que gracias a ellos tendrás la oportunidad de ver el gran ser luz que eres.

Mi consejo para ti es:

Cree ciegamente en ti, en tu potencial, cree en ese negocio que deseas montar, ten visión de túnel para que los comentarios negativos no te frenen; estos comentarios siempre llegarán, eso no puedes evitarlo, pero lo que sí puedes evitar es lo que vas a hacer con esa negatividad que a tus oídos llegue. Siempre entiende que esos comentarios negativos no son mas que la admiración que sienten por ti, así que debes sentirte agradecido por eso. En el fondo de tu conciencia sabrás quién de verdad te da un consejo productivo y quién no. Eres un ser potencialmente auténtico, no dejes que nada ni nadie te frene ni te apague, tampoco apagues la luz de nadie para brillar tú, porque serías un cazador venenoso más y no es la idea. Usa tu luz para hacer brillar a todo aquel que de corazón lo desee y aleja todo aquello que intente apagar tu luz.

Cada pequeña mentira que decidas usar en tu relación, pondrá en tela de juicio todas tus posibles verdades.

Relación vs matrimonio

Usar la conciencia neutral en pareja será fundamental para su duración, este es un punto muy importante para las parejas que de verdad quieran darse una oportunidad duradera. Quizás muchos sepan estos puntos, pero lo que está asegurado es que todos lo olvidan.

En cada circunstancia de pareja, debe aplicarse la acción más consciente y bella que cada ser humano debería de tener; esta surge de la iniciativa de ponerte en el lugar del otro. Para poderle dar vida a esa iniciativa, primero debes olvidar el ego y el orgullo, si logras controlar estos dos factores tan importantes y tan peligrosos, tendrás la posibilidad de aceptar tus errores para poder mejorarlos y obtener un gran entendimiento constante de cada situación.

Cada una de las partes de una relación vive en un mundo interno distinto, donde existen pensamientos y creencias diferentes entre muchas otras cosas más, por lo que si no crean entendimiento, no estarán lo suficientemente preparados para estar armoniosamente en una relación ni mucho menos en un matrimonio.

Si tu entendimiento es egoísta o limitado, nunca te interesará comprender lo que tu pareja pudiera estar creando en su mente, gracias a una mala acción tuya, como pensamientos de temor, rabia, dudas y muchos otros, que le darán vida a sentimientos no sanos para la relación. Aquí es cuando entra un aspecto muy importante, que mantendrá la salud de una verdadera relación, la que acaba con las dudas y suposiciones destructivas: la comunicación. Sin una buena comunicación, se podrían imaginar y recrear acontecimientos negativos que jamás han sucedido, tan constantes que de tanto pensarlos, ¡adivina! El universo los hará realidad.

La falta de comunicación le dará vida a la suposición, el suponer en una relación será como una enfermedad que los consumirá lentamente, las acciones serán provocadas bajo suposiciones completamente falsas y los resultados obtenidos te harán pensar que tu pareja no sirve, cuando quizás seas tú el creador de todo. Al pensar que tu pareja no sirve, la cambiarás por alguien que supones que será mejor, pero este es otro gran error de la sociedad hoy en día: prefieren cambiar porque les da flojera reparar las fallas. Si cambias de pareja sin tener la certeza de que no existe la posibilidad de salvar ese amor, quizás sea porque lo que está sucediendo es que estás creando excusas, dado que no estás amando de verdad. Es en este momento cuando la conciencia deberá estar encendida en su máximo nivel y no dejar que ningún sentimiento la apague: es necesario estar alerta a las señales que te envíe para que puedas entender si es que tienes escasez de amor por tu pareja o, en su defecto, por ti mismo; esta confusión es una de las más comunes. Las personas esperan todo de su pareja cuando ellos no hacen nada por sí mismos, olvidan que solo son un complemento de su compañero y no un elemento indispensable para una felicidad internamente duradera.

A diferencia de un noviazgo, el matrimonio será sumamente difícil y complicado, o quizás hasta imposible de mantener para todo aquel que crea que el fuego siempre tendrá la misma intensidad que tenía en los primeros días de noviazgo.

Cuando elegimos a una persona, a una máquina compañera de camino para toda la vida, es importante entender y aceptar el hecho de que el cuerpo va a envejecer, que la paciencia es fundamental, que la comprensión es importante para que puedan entenderse constantemente, que la conciencia es indispensable en cada momento para aterrizar y aceptar que aun en las circunstancias más difíciles se debe intentar reparar la situación, que la perfección no existe y que debes enamorarte día a día de esa máquina compañera imperfecta. Caminen juntos de la mano repitiéndose en el oído, uno al otro, que si se mantiene el respeto es porque todavía hay amor; si existe el amor habrá millones de oportunidades para que abandonarse no sea una opción.

Es importante entender que de nada sirve tener mil opciones, mil pretendientes que te den la confianza para cambiar de esposa o esposo a tu antojo, si mal entiendes lo que en realidad es el matrimonio y cambias una y otra vez, vivirás exactamente lo mismo que estás viviendo con la pareja actual. La razón por la que te llaman la atención otras personas, es el simple hecho de la nueva sensación que causa el conocer a alguien nuevo, pero si vives 40 años con esa nueva persona, sentirás exactamente lo mismo que sientes ahora con tu actual pareja, solo será cuestión de tiempo, nada cambiará.

No obstante, tus pensamientos momentáneos te azotan y quieren crearte confusión, y esa confusión puede ser creada por el simple hecho de creer que tu pareja es la encargada de tu felicidad. De nada sirve cambiar de esposa 12 veces, puesto que a todas le encontrarás defectos sin entender que quizá, el defectuoso seas tú. Todas te aburrirán porque no tienes consciencia de lo que es el matrimonio: se trata de un constante compromiso hacia la otra persona.

Hagan del matrimonio un juego en pareja, algo real y distinto, pero siempre de la mejor manera para mantener la felicidad. No caigan en lo monótono porque esto podría apagar el fuego; tampoco permitan que un tercero intente interferir. Se entiende que nadie va a donde no los han llamado, pero también es una realidad que hay personas que lo hacen porque sus suposiciones y juegos mentales les hacen creer que deben meterse. Si alguien intenta entrar sin ser llamado, de manera automática deberás entender las señales y aprendizajes que Dios te está dando, sin confusiones. Ese tercero no sirve en lo absoluto, así que no creas en sus posibles palabras tentadoras. La única verdad es que alguien que vale la pena y tiene conciencia, no se mete donde no lo han llamado, y, así lo llamen, no irá a donde sabe que podrían hacerle daño a alguien más.

Ahora bien, si alguna de las partes está causando la posible llegada de un tercero, cada quien será responsable de sus decisiones que vendrán acompañadas con reacciones que deberás aceptar sin ningún tipo de quejas, porque recibirás exactamente lo mismo que das.

Es real y completamente normal que muchos matrimonios se acaban, pero hagan las cosas bien hasta el final, intenten arreglar sus problemas antes de cambiar de pareja; uno solo no puede nadar, tienen que ser los dos. Si ven que ya nada tiene solución, deberán dejar antes de llegar a engañar.

Mi consejo para ti es:

No he llegado a tus ojos para que leas cómo debes manejar tu matrimonio, pero sí como un leve recordatorio de que tu conciencia está para ser usada y logres tener las mejores decisiones en cada aspecto de tu vida. Engañar a una pareja significa causarle un momentáneo dolor, pero lo que debería de preocuparte es que esa infiel acción, de una manera u otra, afectará internamente tu paz espiritual, aunque no seas consciente de que esa es la realidad. Esto quiere decir que siempre vivirá en un completo vacío aquella persona que engañe a su pareja, quizás con la excusa de intentar conseguir en otras personas lo que su pareja no le da. La verdad es que una persona que engaña es porque intenta buscar, donde sea y con quien sea, lo que internamente no logran darse a sí mismos, o sea que sus infidelidades jamás terminarán si no buscan dentro de ellos.

Las medias naranjas únicamente existen en la mente de aquellos que inconscientemente no se aman a sí mismos.

El sexo ocasional: ¿Placer o búsqueda de tu media naranja?

Las medias naranjas solo serán buscadas por aquellos que desperdician su tiempo, intentando encontrar una perfección que jamás conseguirán.

El sexo, hoy en día, es el concepto peor entendido por los seres humanos. Esto va directamente sincronizado con la gran falta de amor propio que sienten por sus propias vidas, es así como logran esconderse tras uno de los peores conceptos que las personas pueden llegar a creer: actuar desesperadamente. La simple excusa de intentar encontrar a su media naranja perfecta, no debería ser suficiente para involucrarse con cualquiera que los tiente.

Tener sexo con diferentes personas por intentar encontrar a la pareja ideal o quizás únicamente para satisfacer sus necesidades personales sin ningún compromiso, en ambas circunstancias, siempre será el peor error. Una conciencia activa y un amor propio indestructible no necesitará, en ninguna circunstancia, tener sexo ocasional para lograr encontrar el verdadero amor ni para calmar ese fuego que lleva dentro ni para sentirse amada o amado ni mucho menos para llenar ese vacío que sienten en sus vidas. Es más que entendible que nadie puede amarte tanto como lo deberías de hacer tú mismo: si tú te amas internamente, entenderás que un sexo auténtico viene de adentro hacia fuera, no de afuera hacia dentro. Para lograr esto de manera exitosa, ambas partes deberán, primero, amarse por separado para que su unión en el sexo pueda tener éxito.

Este punto es sumamente complejo para todo aquel que no tenga su conciencia encendida, ya que sus pensamientos le harán creer que tener sexo, a veces, es necesario e indispensable sin importar con quien, con tal de encontrar esa media naranja.

Hoy en día, primero tienen sexo y luego, si son aprobados, podrían llegan a ser pareja. No obstante, esto es algo muy peligroso que azotará, en su mayoría, únicamente a una de las partes: la mujer.

Se entiende que esto es completamente injusto para ellas, ya que si un hombre tiene sexo ocasional con varias chicas, puede llegar a convertirse en el hombre más deseado del pueblo, pero si la mujer tiene sexo ocasional con varios hombres, ya nadie las tomará en serio porque la verán como a una cualquiera.

Es en ese momento cuando el poder de la mujer tiene que tomar acción, ellas son las que deciden si cierran este círculo injusto que las está afectando únicamente a ellas o si le siguen dando vida; solo ellas tienen el poder de acabar con esa falsa fama sexual que tienen algunos hombres, si es que se les puede llamar hombres.

Una gran número de mujeres le está dando prioridad al buen sexo que alguno de estos farsantes puedan llegar a dar, pero serán los mismos individuos quienes hablarán mal de ellas cuando ese tan rico y falso momento acabe.

Si ustedes, mujeres, no sienten la necesidad de respetarse a ustedes mismas, entonces deberán conformarse con seguir encontrando a hombres que lo único que tienen para ofrecerles es un orgasmo momentáneo e incluso falso.

Las mujeres, de manera inmediata, deben de aprender a usar la palabra **no**, palabra que les regalará un enorme valor, principalmente con ustedes mismas, luego ante los ojos de cualquier hombre al que deseen acercarse; de esta manera, lograrán que ellos se tomen el tiempo de conquistarlas. En cuanto a los individuos falsos, no se preocupen porque ellos irán directamente con las mujeres que le tengan un sí como respuesta a sus demandas sexuales.

Si tú, bella dama que estás leyendo esto, eres una de las que desea entrar o permanecer en el club de nunca más volver a acostarte con cualquier desconocido, desde ya deberás impregnar en tus conocimientos este gran concepto: el cual el hombre que de verdad desee unir su alma con la tuya, se lo tiene que ganar. No te involucres con él solo porque una amiga te haya comentado que ese hombre hace el mejor sexo de todos; no permitas que cause en ti pensamientos como "es interesante" o "si hace buen sexo, vale la pena intentarlo". Si fue él quien aplicó sus técnicas de seducción para lograr que caigas en sus trampas, recuerda mi consejo y ten la conciencia clara, porque el sexo no tiene ningún tipo de peso ni valor cuando ese hombre te demuestra a leguas su único interés, que es usarte y desecharte. Esto quiere decir que un hombre que de verdad valga la pena, primero te seducirá con su inteligencia, luego te conquistará con acciones completamente desinteresadas y, finalmente, querrá amanecer contigo.

Conocer poco a poco a una persona es lo único que te permitirá saber si es compatible contigo o no. Un orgasmo de dos almas unidas es difícil de encontrar cuando apenas se conocen, pero si te tomas el tiempo de buscarlo de la forma correcta, en lugar de tener sexo con el primero que te caliente, encontrarás el verdadero placer de sentir un auténtico orgasmo.

Las personas, tanto mujeres como hombres, que suelen tener obsesivamente sexo, sea por la razón que sea, tienen problemas de autoestima completamente graves, no importa que sean modelos o las más bellas, porque internamente están destruidas y sus acciones lo demuestran. Este tipo de personas siempre buscarán excusas para intentar ocultar ante los demás ese enorme vacío que sienten por dentro. Quizás una de esas excusas sea que no logran conseguir a su media naranja, pero se entiende que las medias naranjas no existen; tú eres tu única media naranja, no la encontrarás jamás si primero no te amas. Esto es causado porque siempre esperarán del otro más de lo que ustedes mismos son capaces de darse. Las medias naranjas no son encontradas, son creadas y construidas por medio de comprensión y dedicación, no intentes buscar una media naranja porque nunca tendrás éxito, dedica tu tiempo en intentar construir una media manzana que internamente sea compatible contigo. Allí radica el éxito de las relaciones o de los intentos de ella. Todo en la vida siempre se tratará de un complemento imperfectamente perfecto.

Mi consejo para ti es:

Entiende que el sexo ocasional solo te alejará más de lo que buscas, así estés buscando exactamente eso, un rico sexo ocasional, de igual forma te está alejando cada día más de ser un espíritu felizmente lleno, ya que en el fondo siempre estarás vacío, aun cuando no lo puedas ver. No intentes buscar la perfección en nadie porque tú tampoco lo eres; ten consciencia de que las medias naranjas no existen, puesto que todas las personas son mundos diferentes; la magia está en amarse, entenderse, aceptarse, complementarse y en crear un amor imperfectamente perfecto entre ustedes. No es necesario demostrarle al mundo la perfecta pareja que son, los que se dedican a demostrar eso es porque internamente están destruidos. Las parejas espiritualmente auténticas no pierden el tiempo demostrando nada, porque utilizan su energía para seguir construyendo.

Suponer

Las creencias no se basan únicamente en las religiones.

El hecho de suponer es una acción que el ser humano suele utilizar de manera constante e inconsciente, en la que sus opiniones y acciones condenarán sus vidas y las de otros, privándolos de la posibilidad de conseguir la verdad y nuevas oportunidades, entre muchas otras cosas más.

¿Qué significado conlleva la palabra suponer y por qué se usa? Se sabe que suponemos cuando consideramos que una cosa, circunstancia o acción, es verdadera a partir de ciertos indicios o señales, sin tener la certeza de que así sea. Por ejemplo: "No acudiré a esa nueva entrevista de trabajo porque supongo que no tengo la experiencia necesaria".

Al tener una creencia que te diga que no cuentas con la experiencia necesaria, te estarás autocondenando a no conseguir absolutamente nada que cambie tu realidad. ¿Quieres una nueva realidad? Pues desde ahora debes comenzar a creer en otra verdad, quizás la de creer un poco más en ti, en lugar de creer en las falsas suposiciones provenientes de tus miedos.

No somos absolutamente nadie para juzgar las supuestas realidades de otros, no sabemos con certeza las razones que los han llevado a sus actuales circunstancias, pero sí somos totalmente poderosos para intentar ayudar a que las mejoren. Es totalmente cierto que hay personas muy ligadas a nuestra vida, que están acostumbradas a recibir una constante ayuda cuando ellos mismos no se la dan, pero este es otro punto que no tiene nada que ver con el anterior.

Es necesario que las personas comiencen a entender, que al creerse merecedoras de poder castigar a otros, lo único que conseguirán será crear más resentimientos de unos con otros. Así que encárguense de ayudar para que cada acción sea respetuosa de lo que cada quien decida; lo que hagan con tu ayuda o no, no será tu problema, que tu ego no sea el que dicte lo que tiene que hacer cada quien con tu ayuda. No seas parte de ese negativo circuló; crea en tu vida un círculo, pero de oportunidades para tu vida y la vida de todo aquel que te rodea.

El que no desee ayudar, perfecto, también es válido, pero háganse un favor y no usen bajo ninguna circunstancia el nombre de Dios ni falsas oraciones, porque no tendrán ningún tipo de valor. Solo aquellos que tengan el mismo nivel de conciencia serán los que entenderán el mensaje.

Los resultados de vivir con base en suposiciones son, primero, condenarse a ellos mismos con sus propias opiniones proveniente de sus temores; segundo, condenar a otros con sus palabras. Esto quiere decir que si te encuentras con un amigo en un restaurante, para tomarte unos tragos y das una venenosa opinión sobre una acción que otro está haciendo, automáticamente estarás envenenando los pensamientos de tu amigo, logrando que él vea a esa persona de la forma que tus palabras la describen, cuando en realidad es una simple suposición irreal. La mejor forma de evitar envenenar la mente de otra persona para no condenar la vida de nadie, será **no suponiendo** lo que no se tiene seguridad de que así sea, no dar opiniones al menos que sean productivas y ayuden a entender que siempre hay un detrás de cámara de las actitudes que cada persona tiene; es decir, algo que las origina.

A continuación, se darán varios ejemplos del porqué podrías condenar tu vida y la de otros si haces suposiciones: “Me encantaría ser millonario, pero como ya tengo 50 años de edad, supongo que ya es demasiado tarde para lograrlo”. Pensamientos como este lo tienen millones de personas, cada vez que se les presenta una oportunidad para conseguir nuevas metas, estas ocasiones son enviadas por Dios y el Universo, pero lamentablemente son desperdiciadas.

Suponer es: negatividad, condena y temor en su máxima expresión. La negatividad se presenta porque al no tener certeza, entrarás en una duda que automáticamente creará miles de pensamientos, pero ninguno será positivo. Eso quiere decir que te estarás autocondenando a una situación que podría cambiar tu vida de manera impactante. Cuando no se aprovechan las oportunidades que la vida te regala, es porque normalmente van agarradas de la mano de los temores que llevas dentro de tu subconsciente, pero que no eres consciente de ellos; los almacenaste porque todavía no te has atrevido a enfrentarlos. No supongas que te irá mal en un negocio solo porque tienes terror de comenzarlo. Entiendo que tu más grande temor sea fracasar, tienes miedo de que los demás supongan que eres un fracasado, pero dentro de tu conciencia sabes que eres un verdadero triunfador.

Esto también sucede cuando supones acerca de la vida de alguien, cuando en realidad no conoces nada o quizás poco de esa persona. No suponer abrirá la posibilidad para preguntar y, de esa forma, entender las acciones que las demás personas tienen ante algunas situaciones, entender para qué actúan de esa forma. Pero si supones sobre las realidades de otros, sin ningún tipo de certeza, esto te llevará de manera inmediata a juzgarlos, formar prejuicios sobre ellos y condenarlos; estas condenas estarán basadas en tus opiniones, pero la verdad es que ellas no tienen por qué condenar la vida de nadie.

La única manera en la que puedes realmente ayudar en la vida del otro es **no suponiendo,** porque si lo haces, quizás estarás creando excusas para no ayudar. El hecho de suponer también es un método que usa la mente para apoyar las ganas de no ayudar, esto quiere decir que si pasas por una autopista y ves un animal tirado en la orilla, tu mente supondrá que está muerto, cuando en realidad podría seguir vivo y necesita ser rescatado. Tu opinión lo estará condenando a morir cuando podrías llegar a ser su única oportunidad de vivir. También, cuando una persona que vive en la calle te pide dinero, quizás tú supongas que al dárselo se lo gastará en drogas y hasta te sentirás orgulloso de negárselo porque pensarás que lo estarás ayudando, pero la realidad es que quizás esa persona odie las drogas de la misma forma que tú y de verdad podría tener hambre. En ese caso, automáticamente la estarás condenando a pasar más hambre de la que ya tiene, cuando tienes en tus manos la posibilidad de alimentarlo. Podrían existir muchas razones por las que esa persona esté viviendo en las calles, quizás buenas o quizás malas, nadie lo sabe con certeza, pero lo que sí se sabe con certeza es que no eres Dios ni un ser superior para condenar a nadie. De hecho, vive con el propósito de ayudar en la vida del otro y siéntete bien por hacerlo, dado que lo que esa persona haga con tu ayuda o sin ella, no será tu problema.

Mi consejo para ti es:

Antes de hablar, ten la certeza de lo que por tu boca sale para que tus opiniones no condenen a otros y, sobre todo, no te condenen a ti mismo. No dar opiniones de lo que no se tiene la seguridad, siempre será la mejor opinión que se pueda dar.

Lo que sale de tu boca definirá qué tipo de persona realmente eres.

Conciencia con cada palabra que de tu boca salga

El amor propio es el que comandará cada frase que escupas. Si conectas ese amor propio con una conciencia activa en cada una de las frases que a otros puedas llegar a decirles, serás un líder en cualquier aspecto, al que todos buscarán para que los ayudes **a sanar con tus palabras**. Los incomodos sentimientos que los perturban desaparecerán; sentirán, desde lo más profundo de su alma, que todo lo que les dices no tiene ningún tipo de interés personal para ti, ya que serán consejos auténticamente neutros y milagrosos para sus vidas.

Lo que sale de tu boca puede causar el éxito de las personas o hundirlas en sus peores temores. Muchas personas dirán: "¿Qué culpa tengo de que mis palabras causen daño en los demás?, eso debería ser problema de ellos, no mío". Pero aquí es cuando el libro responde de manera consciente, que cada sílaba que compone las líneas que a los demás les digas, tiene una importancia fundamental en la vida de otro. Si de tu boca sale veneno y envidia, es eso lo que te está consumiendo a ti y quieres llevar a otra persona a tu misma miseria.

La importancia de controlar todo lo que se le dice al otro, debe estar comandada por una conciencia de entendimiento, ya que el cerebro de las personas son como millones de pequeñas esponjas que absorben toda la información que se les dice; esa información la usarán a su conveniencia, dependiendo de lo que en ese momento puedan estar sintiendo, pero si lo que sienten es algún tipo de complejo, usarán esas palabras en su contra y se torturarán de manera incontrolable, evitando toda posibilidad de generar confianza en ellos mismos.

Hay personas que saben esto y, por esa razón, usan sus palabras para causarte más frustraciones y evitar que logres tus metas. Saben muy bien el potencial que tienes, pero también saben lo que te perturba y es justamente lo que usarán en tu contra; aquí es cuando debes estar en el entendimiento del amor propio. Si esa persona usa algo en tu contra, debes recordar y entender que es porque en el fondo ellos son los infelices, no tú. No permitas que nada de lo que te digan te afecte porque influirá en tus resultados.

La importancia de la palabra también influirá cuando mientas para tu conveniencia, quizás no sea con maldad, ya que fue una reacción del momento, pero que sí causará dudas en los demás; dudas que perdurarán y estarán ahí en sus pensamientos, esperando inconscientemente a que suceda lo que sus oídos escucharon.

Tener conciencia y controlar todo lo que se diga es más que necesario. Daré algunos ejemplos para que captes, de manera real, por qué es necesario controlar cada sílaba que forma una palabra que va dirigida a otra persona.

Ejemplo: Un día, llegas del trabajo a tu casa y comienzas a fastidiar de manera juguetona a tu esposa, pero ella no está en sus mejores días, no está consciente de sus palabras ni de sus acciones porque algún tipo de sentimiento o preocupación la perturban. En el mismo instante en el que comenzaste a jugar con ella, su única forma de expresarse es decirte: "Déjame en paz, tu aliento huele a perro". Obviamente no tienes un mal aliento, pero está más que asegurado que vas a estar muchos días pensando que de verdad tienes mal aliento, cuando en realidad lo dijo, en ese momento, para que la dejaras en paz.

Otro ejemplo, y creo que es el más frecuente, es cuando estás en la calle y un amigo te dice que estás gordo. Como él está gordo y se pudre en su gordura, quiere hacer que tú te sientas igual para evitar que, de alguna forma u otra, tengas la voluntad que el no tiene de hacer ejercicio. Otros se burlan de él; él lo hará contigo.

Este ejemplo es uno de los que más perturba a los hombres: la calvicie. Tú llevas este trauma porque quizás te falte un poco de pelo o quieras más pelo del que tienes, pero no eres calvo. Cuando llegas con un grupo de amigos y uno te dice que te estás quedando calvo, esa palabra entra en tu mente dándole la razón a todos esos pensamientos que te han venido perturbando. Eso te dolerá en lo más profundo de tu ego y te bajará el autoestima en menos de un segundo, haciéndote sentir inseguro adelante de todos. Te verás tan afectado que todos los que estaban en ese grupo, aun cuando vean con sus propios ojos que no eres calvo, pensarán que sí lo eres porque te verán por medio de lo que el otro te está diciendo. Te sentirás completamente vulnerable por las palabras que acabas de escuchar, por el hecho de que todos te ven calvo y, por si fuera poco, porque saben que te afecta y lo seguirán usando en tu contra, hasta que de forma irreversible te lo crees. Al creértelo, lograrás que el universo te envíe lo que tanto pensaste, hasta quedarte calvo de forma real.

La gravedad de permitir que las palabras negativas de los demás te afecten, será que vivirás en esclavitud hasta que mueras. Te controlarán a su antojo evitando que seas libre, lograrán que el universo te dé lo que ellos quieren que obtengas, en lugar de lo que tú quieres y pensarás lo que otros te hagan pensar.

Mi consejo para ti es:

El amor propio y la conciencia deben estar siempre en conexión con cada palabra que de tu boca salga, porque podrías esclavizar a las personas con sus peores temores, no seas parte de eso. También, entiende cada palabra que una persona te dirija para que reconozcas cómo te afectan, no permitas que te hundan. Entiende, conscientemente, que lo que ellos te están diciendo es porque ellos son así, no tiene nada que ver ni tiene por qué influir en tu vida de manera destructiva. No condenes tus sueños por opiniones ajenas.

No permitas que tus miedos te condenen de por vida.

Cárcel

¿Qué es realmente estar preso? ¿Qué es peor, ser condenado por el sistema o por tus propios pensamientos?

Se explicarán las dos circunstancias y su aprendizaje para que logres ser libre y sientas gratitud por esa libertad que, quizás, no eres consciente todavía.

Presos y su verdadera realidad. ¿Aprendizaje o castigos de por vida? Es una realidad que sigue siendo manejada únicamente por los que están arriba de esta pirámide, los que comandan este mundo comercialmente ambicioso en el que vivimos. Se entiende, de manera consciente, que deben existir leyes y reglas porque de otra manera este mundo sería un caos comandado por personas inconscientes, pero el abuso del poder existe y es real. Hay varios casos sobre presos que son juzgados sin ser culpables, otros fueron culpables pero han entendido su castigo y quieren una nueva oportunidad; lamentablemente, el sistema se encargará de nunca volvérselas a dar. Darles una oportunidad sí está en tus manos. Por un día, intenta entrar en la mente de quienes han sido condenados injustamente y procura sentir lo que ellos sienten, porque quizás nunca más volverán a ver la luz del sol ni vivir una vida fuera de esas cuatro paredes. Medítalo y entenderás el milagro que estás viviendo, pero no tienes ni la menor idea porque no has intentado entender las verdades que otros están obligados a vivir, verdades controladas al antojo de poderosos que logran que personas vulnerables vivan realidades completamente injustas.

Es entendible que no se pueda defender la realidad de personas juzgadas por crímenes graves, ya que no se sabe si de verdad están arrepentidos o no. No obstante, tampoco somos nadie para juzgarlos, dado que no somos Dios ni mucho menos tenemos el poder necesario para saber quienes son los verdaderos culpables. Lamentablemente, el dinero blinda a muchos de ellos, pero lo que sí se tiene es este libro que he creado para promover un renacer de la conciencia en la humanidad. Es un llamado para que tú, si es que eres uno de esos poderosos, recapacites y seas consciente de que nadie merece ser juzgado por los crímenes de otros. Entiende que quizás, en esta vida, eres quien manda, pero el daño que le hagas a personas vulnerables con ganas de hacer el bien a otros, no lo pagarás en esta vida, sino en la siguiente. Jamás lo olvides, aprovecha tu oportunidad de ser un de los únicos poderoso con conciencia neutral.

Hay condenados que sí logran salir de prisión y rehacen su vida con conciencia, no se toman nada personal y logran ser exitosos, pero hay otros que se toman de manera personal la forma en que los demás puedan verlos. Hay que entender que muchas veces, el sistema les brinda una nueva oportunidad, pero será completamente hipócrita, porque les cerrarán miles de puertas, condenándolos al rechazo; eso no hay forma de controlarlo, pero lo que sí es posible controlar es cómo te afectarán esas puertas que te cerraron y cómo te sentirás con la forma en la que te ven al saber que fuiste un criminal.

Si eres de los que se toman todo personal, el rechazo de los demás creará en ti un resentimiento hacia la sociedad, cometerás otro error y volverás a ser condenado. Recuerda que nada de lo que otros te digan tiene por qué afectar o condenar tu éxito. Estarás destinado a tener miles de oportunidades siempre y cuando, de manera consiente, hayas aprendido la lección. Tampoco te llenes de odio hacia esas personas con poder que quizás injustamente te condenaron, porque dentro de ti sabes que son tres veces más culpables que tú en cuanto a los mandamientos de la conciencia, del cielo y del universo, que de ellos nadie se escapa; todo es cuestión de tiempo.

No estás aquí leyendo para hablar de problemas sino para aprender de ellos, por esta razón es importante que primero, tú lector, si has sido condenado, recapacites y entiendas que serás exitoso; tú lector, si eres una persona con acceso al poder, ¡recapacita! Estás a tiempo de hacer justicia; tú, lector, si no eres ninguna de las anteriores, de igual manera es necesario que leas las realidades que otros viven, a fin de entender conscientemente en donde estás ahora para que comiences a nunca olvidar todas las oportunidades que tienes.

Quizás te preguntes: "¿Para qué hablar de presos que no conozco, no compré este libro para hablar de asesinos o de violadores, no me interesa la vida de ellos". Si eres uno de los que así piensan, recuerda primero que todo **nunca juzgar** sin conocer; segundo, la conciencia y el poder que estas escrituras tienen, transmiten que quizás en algún momento seas tú el que necesite que otro se pongan en tu lugar y te salven de alguna injusticia.

Existen dos tipos de personas que quiero destacar: las que aprenden a valorar lo que tienen después de una tragedia y los que meditan conscientemente para lograr ponerse en el lugar del otro; de esa forma, también valoran lo que tienen. Este tipo de personas no sobrepasan más del 5% en todo el universo, puesto que nadie toma en cuenta ese tan importante momento porque no les interesa.

En el momento que le tomes importancia a cada parte del universo que te rodea y comiences a explorarlo, verás todas las cualidades y posibilidades que tienes, pero que no sabes porque estás preso. En este caso, el único poder que está logrando condenarte injustamente es tu falta de gratitud, por eso es importante entender que a veces, la única forma de ver lo que en realidad tienes es poniéndote en el lugar de los que no tienen nada. Quizás esa sea la razón por la que no has logrado todo lo que deseas. Si comienzas a ser agradecido por lo que tienes, poseerás un arma letal que le declarará la guerra a todos esos pensamientos negativos que te invaden o intentan invadirte.

Muy cordialmente, eres invitado a cambiar tu vida sin necesidad de pasar por esas realidades inhumanas, pero hazlo de la manera más sabia y consciente posible. El ejercicio que te propongo, consiste en un reto al que por un solo día, deberás encerrarte en un cuarto sin internet, sin televisión, sin celular, sin juegos, sin nadie que entre ni salga y rompa tu meditación, lo único permitido será una cama, cuatro paredes y, por supuesto, conciencia. Está más que asegurado que no lograrás pasar el día entero sin romper alguna de estas reglas de cero contacto. No te puedo decir qué pensamientos vendrán, pero sí te aseguro que serán millones de pensamientos que nunca habías imaginado tener; si ese encierro logras canalizarlo de la forma más consciente posible, el valor que le tomarás a cada detalle de tu vida cuando salgas de esas cuatro paredes será implacable. Si no te das el tiempo para hacer este ejercicio, te estarás perdiendo un mundo nuevo en tu vida con millones de oportunidades que antes no lograbas ver ni valorar.

Es lo que justamente está pasando hoy en día con la mayoría de los seres humanos: no se dan el tiempo consigo mismos; no se dan el tiempo de armar un plan para darle vida al éxito que desean lograr; no se dan tiempo para valorar de nuevo la vida que tienen ni la familia que los ama; no se dan el tiempo de perdonar, de vivir sin rencores, de abrazar a la persona que tanto aman; no se dan el tiempo de agradecer la comida que tienen, el baño privado que pueden usar a su antojo ni la ducha con agua caliente. Tienen millones de privilegios, pero no logran verlos porque no se dan el tiempo y se convierten en presos de la tecnología. Usan lo que tienen de manera inconsciente porque están a su antojo y disposición sin que sean conscientes de la gratitud que le deben a Dios y al universo.

Ahora que lograste sentir las realidades que otros viven y que mágicamente tuviste la oportunidad de volver a tu realidad, imagina que en vez de solo pasar un día en esas cuatro paredes, el encierro se convirtiera en cadena perpetua… Piensa lo que un ser humano podría llegar a pensar, sea culpable o no, al ser condenado de por vida. Ellos no tienen la menor oportunidad de salir, pero, ¡Adivina qué! Tú sí.

Cuando se te haya olvidado el ejercicio que te pedí y vuelvas a tus quejas diarias, ten conciencia de que eres libre, no te quejes porque el universo te mandará más de lo mismo (así te quejas con más ganas). Rompe esa cadena negativa, porque si tienes la libertad de ser, entonces lo tienes todo.

Hay algo que es una realidad completamente triste: hay personas que sienten exactamente lo mismo que siente un preso condenado a muerte, aun cuando viven en libertad, porque están atadas a los pensamientos negativos que su mente crea, se toman personales los comentarios que la gente hace. Es así como ellos mismos se impiden moverse cuando tienen la posibilidad de volar, son victimas de un sistema, un sistema de incapacidad mental creado por sus propios pensamientos.

Si odias tu trabajo, ¿adivina que? **eres libre** de dejarlo, no te sientas amarrado en un lugar donde no quieres estar, vete y busca algo mejor. Lo mismo es con las parejas que confunden la costumbre con el amor; no seas preso de la costumbre. Todo lo que viviste con esa persona puedes vivirlo mucho mejor con alguien más o en plena soledad, no necesitas a nadie, dado que la pareja solo es un simple complemento. Sé feliz sin que nada te ate. Así va a suceder con todas las circunstancias de tu vida, la conciencia te lo recordará siempre y cuando la mantengas encendida y le des prioridad. De lo contrario, volverás a estar preso.

La costumbre es una sensación cómodamente peligrosa. Confiar y aferrarte plenamente a lo que estás acostumbrado a tener y a vivir, es aceptar inconscientemente el hecho de nunca tener la posibilidad de descubrir nuevos acontecimientos. Acostumbrarte a tu trabajo, por el simple hecho de que te sientes cómodamente segura o seguro, traerá como consecuencia vivir sin sentido, sin nuevas emociones, sin metas y sin la mínima posibilidad de llevar a la realidad lo que tu imaginación intente mostrarte que es para ti. Una supuesta seguridad no te asegura absolutamente nada, no confíes en es sensación porque lo único que te asegurará será un fracaso lento y sin vuelta atrás, porque cuando quieras retroceder el tiempo para poder recuperar todo lo que esa seguridad te quitó, ya será demasiado tarde.

Mi consejo para ti es:

Haz los ejercicios y comienza a entender que eres libre; siempre lo has sido, pero tus pensamientos te han condenado. Si no quieres estar en un lugar, ¡vete y sé feliz!, porque nada ni nadie tiene el verdadero poder para retenerte. Si llegas a sentir que sí estás amarrado a algo o a alguien, quizás por seguridad, deberás recordar que es el momento exacto para salir de allí porque todo aquel que se sienta seguro en donde está, no podrá encontrar jamás la puerta del universo; todo aquel que permanezca con su pareja únicamente por la seguridad que la costumbre le brinda, no estará amando plenamente.

Si lo posible no te funciona,
es porque estás destinado
a realizar lo imposible.

Lo imposible es posible

Ahora que ya no eres un preso de tus pensamientos, gracias a los ejercicios del capítulo anterior, empezarás a entender que cuando lo posible no te funciona, es porque estás destinado a lograr lo imposible.

Esto quiere decir que tus capacidades son mucho mayores de lo que te has logrado imaginar, quizás por creencias que te hacen pensar que algo es imposible, que no tiene forma ni manera de poderlo llevarlo al mundo real o porque, quizás, estás más enfocado en los logros comunes de los demás, quitándote la posibilidad de crear tu propio imperio.

Este es un error muy constante en las personas, ya que se limitan a ver lo posible que logran los que están a su alrededor para luego sentirse pésimo porque no han logrado lo que otros sí. La razón está en que tú no naciste para lograr lo posible, tú estás hecho para hacer lo imposible; el punto de partida para comenzar a lograr lo imposible es ser consciente de en dónde estás y qué tienes ahora, ser agradecido por eso y, a partir de allí, comenzar a imaginar lo inimaginable. No dejes que la realidad te frene, puede que sea una realidad para algunas personas, pero no para ti; los demás tienen su realidad, pero no tiene nada que ver con la tuya. No cuentes tus planes a nadie porque solo recibirás palabras negativas, la realidad de ellos no los deja visualizar en grande y sus consejos te frenarán a ti para que comiences a creer en sus realidades y no en las tuyas. Siempre ten consciencia de que tu realidad es llegar al universo, no a las nubes. Que los demás no tengan esa visión, no es tu problema y no tiene que ver en nada contigo. No te limites ni te sientas mal por ver a los demás logrando lo posible y comienza a enfocarte en lo que tu mente ha imaginado; estás hecho para circunstancias mayores.

Si tienes una visión que por más que intentas hacerla realidad una y otra vez, eres rechazado; si intentas abrir puertas y se te cierran, ¡no importa! Ten consciencia de que aquí es cuando tus pensamientos comienzan a traicionarte y jugarán contigo a su antojo. Si te lo tomas personal, comenzarás a creer que en realidad no sirves y dejarás de tenerle fe a ese logro que deseas. Es importante que nunca te tomes nada personal, aunque 100 mil veces te rechacen, no es que tú o tu idea no sirvan, es que los demás no tienen la capacidad de entender ni imaginar de la misma forma porque están limitados a sus creencias; simplemente sigue y nunca te frenes, porque si persistes lo lograrás.

Si comienzas a ser negativo, le estarás dando la razón a todas aquellas personas que no han creído en tus ideas y volverás tu vida un círculo tóxico en el que tu mente ya no imagina lo imposible y comenzará a creer en lo posible, caerás en la realidad de lo común, en la que tu mente te dirá que los demás tenían razón y que tu idea es un fracaso.

Sea lo que sea que te digan, nunca dejes de tener fe en ti, nunca dejes de creer en tus ideas, no te tomes nada personal y sigue, sigue hasta que llegue tu momento de despegar vía al universo y verás cómo todos los que no creyeron en tu idea, mirarán hacia arriba para poder verte.

No le tengas miedo al triunfo. Cuando comiences a despegar con vía al universo, llegarán nuevos retos que le darán vida a pensamientos positivos. Esto será muy bueno siempre y cuando te mantengas en movimiento. No obstante, esta escalada puede ser derrumbada en instantes si permites que tus miedos te dominen.

Tenerle miedo al éxito es normal, no te alarmes por las dudas que estos miedos van a intentar provocar en ti; lo que sí tiene que alarmarte es cuando pierdas la consciencia de eso porque comenzarán a dominarte y te devolverán a la tierra, te bajaran del cohete y volverás a estar preso. Tener miedo es normal, eso no quiere decir que seas débil, al contrario, quiere decir que estás **vivo**; si por alguna razón caes del cohete, no pasa nada, una vez más tu conciencia te salvará en cualquier circunstancia, ya que tienes el aprendizaje de lo que has vivido, así que vuelve a confiar en tus capacidades, pero esta vez con mucho mas conocimiento. Si lo lograste una vez, puedes lograrlo mil veces más, que haber caído no te cause miedo ni dudas: volverás a subir.

Si no controlas tus miedos, frustraciones, dudas y no te enfocas en lo que verdaderamente estás destinado a lograr, nunca podrás cumplir tus sueños. Deja atrás todo lo que tu mente reconoce como malo, todo aquello que te hayan dicho o que hayas vivido y sigue un nuevo camino.

La lógica te dice que debes caminar de la A a la B y así sucesivamente sin saltarte ninguna letra, te dice que sigas los pasos, reglas y patrones, pero la imaginación te llevará a cualquier parte. Para llegar al éxito tienes que ir escalando poco a poco según la lógica, pero no necesariamente tiene que ser con pasos cortos, puedes dar pasos enormes porque tu imaginación tiene el poder para avanzar como tú elijas. Esto no quiere decir que si te quedas en tu cama imaginando que te llegará el éxito, así sucederá. La realización de lo imposible viene acompañada de **constante movimiento**, la constancia será cada pieza que componga ese cohete; sin la constancia ese cohete jamás podrá llegar al universo.

Mi consejo para ti es:

Mantente en movimiento constante, que ninguna circunstancia logre frenarte, cree en tu idea porque estas destinado a crear lo imposible y deja de perder el tiempo viendo cómo la gente común logra lo posible.

Las señales te buscarán, pero tu capacidad de percepción las encontrará.

Las señales existen

Este punto es un círculo medicinal importante para que las personas comiencen a ver a Dios como un familiar más y amarlo como tal.

Les daré un ejemplo real de los regalos que Dios y el universo me dan cuando ayudo sin ansias de recibir nada a cambio, ya que estoy convencido de que mi único regalo será ver cómo la persona a la que ayudo, tendrá la oportunidad de ver una luz que le alegre su oscuro día, se dé cuenta de que todavía hay personas de buen corazón y cierre sus ojos en ese instante para darle las gracias al cielo por lo que han recibido. Aunque no pido nada a cambio por ninguno de mis buenos actos, Dios todo lo ve y me abre el universo para enviarme su recompensa en el tiempo que más los he necesitado.

Este es un ejemplo de los miles que he vivido:

Una vez me contactó por Facebook una muchacha que no conocía…

–Hola, Gian. Sé que no me conoces, pero he visto tus fotos; proyectaste paz y mucha luz en mí. Llevo días pidiéndole a Dios que me envíe a alguien que pueda ayudarme en medio de este mundo donde ya nadie lo hace y mucho menos si no me conocen.

–Hola –respondí–, espero que estás bien. Qué bueno que viste eso en mí. Más satisfacción me da saber que te permites creer y sentir las señales que Él te da. Cuéntame, ¿qué necesitas?

–Mi mamá se está muriendo, necesita una máquina para que pueda ser operada porque tiene un tumor cerebral. Estamos en una clínica en Venezuela, donde no hay materiales; esa máquina solo está en Estados Unidos.

Yo pensé que era una estafa, pero luego mi conciencia me detuvo. Este pensamiento que mi mente me lanzó, era una simple excusa que usamos para no ayudar porque entendemos que muchas personas se aprovechan de esto para estafar de verdad. Sin embargo, algo dentro de mí me hizo sentir que era verdad lo que la chica decía.

–Lo siento por tu mamá –respondí–. Te voy a ayudar porque Dios nunca defrauda. Si soy lo que has estado pidiendo no soy nadie para quitarte esa ilusión, así que te enviaré esa máquina.

–Gian, eres exactamente eso que sentí cuando te envié la invitación por Facebook. Mil gracias, esta es la dirección a la que tienes que enviar esa máquina.

Al pasar de los días, contacté una clínica que vendía el tipo de aparato que la chica necesitaba y la compré. La máquina costaba bastante dinero en comparación con lo que yo tenía para mis gastos mensuales, pero no me importó y se la envié a la dirección que ella me había dado. Le pedí ayuda a mi madre con esa dirección, ya que yo no reconocía el sector porque tenía mucho tiempo de haberme ido de Venezuela. Ella me dijo que esa dirección era el mismo lugar donde había muerto mi padre. La última vez que vi a mi padre, fue en esa misma clínica donde se encontraba la mamá de esa chica; sentí un escalofrío impresionante al saberlo. Para otra persona quizás hubiese sido una simple casualidad, pero para mí fue más que una señal. Sentí que mi papá me había enviado para salvar vidas en el mismo lugar donde él no pudo ser salvado.

Días después, se contactó la chica: "Gian, mil gracias. No me contacté antes porque lamentablemente mi mamá murió, pero la buena noticia es que con la máquina que enviaste le salvaste la vida a nueve señoras que también tenían un tumor cerebral". La chica me envió un video de esas señoras en el que me daban las gracias; al escucharlas y verlas, comencé a llorar. Les respondí: "Yo no les salvé la vida, se las salvó su fe en Dios, yo simplemente fui un medio y un fiel amigo de Él, por esa razón no lo defraudé". La cara de esas hermosas señoras cuando escucharon mis palabras, fue como un éxtasis para mí.

Seis meses después, cuando en mi cuenta bancaria solamente tenía nueve dólares y muchas deudas, milagrosamente me llamó un cliente desconocido, ya que una de mis profesiones es la venta de casas; de la nada salió esta persona pidiéndome una casa de 4.2 millones de dólares, lo que me dejó una comisión de 180 mil dólares, justo los mismos dígitos de la cantidad que yo invertí en la máquina de la chica, cuyo precio era 1,800 dólares, solo que Dios y el universo como agradecimiento, le agregaron unos cuantos ceros más. Cuando en medio de mi impactante emoción entré en razón y comprendí la similitud de los números, supe que era una nueva señal divina; entonces, volví a llorar y entendí que las señales existen y hay que tener conciencia de ellas.

Soy una persona que entiende muy bien las señales del cielo y del universo, ya que dentro de mi conciencia pido siempre a Dios que me ponga en el camino de las personas que más lo necesitan. Quiero mucho dinero, pero únicamente para demostrarle a las personas que el dinero no es malo, malo es en manos de quien caiga, el dinero que necesito es para convertirlo en amor, alegría, oportunidades y esperanza para los más vulnerables; quiero hacerles sentir que mi Dios sí existe y lograr que aunque sea, todos dentro de sí, den un simple **gracias**.

Las señales están, pero no esperes que lleguen solas ni que la persona correcta te dé las respuestas necesarias: tú tienes que intentar buscarlas. La verdad que necesitas está incluso, en la forma que te pones los zapatos. Todo tiene un **para qu**é, así hayas tenido un novio por un día, busca en esa persona lo que necesitas para ti, algún aprendizaje tiene. Quizás sea hacerte ver el valor que tenían las parejas pasadas o para valorar más a las parejas futuras. Busca y aprende de todo, no esperes que el universo y Dios hagan todo lo que tú mismo no quieres hacer por ti. Ayúdate, que ellos te ayudarán, piensa, medita, siente y **actúa,** porque nunca bastará con creer: hay que actuar.

Mi consejo para ti es:

No basta con creer en Dios si no tomas acción y comienzas a sentir el verdadero amor por Él. Ese amor dará inicio en el momento en el que tengas conciencia y sientas que estás en este mundo para hacer de la vida de tus semejantes más fácil. Con buenas acciones, Dios y el universo te abrirán un portal donde se harán realidad todos tus deseos; sin esperarlos, ellos te los darán. Deja de creer las palabras y comienza a creer con nobles acciones. Recuerda mirar al cielo cuando sientas que todo está oscuro y verás que en medio de la oscuridad siempre habrá una luz de esperanza para ti. Las estrellas, o sea tu oportunidad, disfrazadas en una señal; si llevas esto a tu vida diaria, quizás seas tú esa estrella, esa luz de esperanza que una persona había estado necesitando, pero si no confías en las señales, esa luz de esperanza desaparecerá.

Con una sabia prevención,
se podrá encontrar la solución.

Enseña a prevenir, no a prohibir

Cambiar la forma de pensar de un padre machista, cuya verdad es creer fielmente que se tiene que prohibir sobre cualquier circunstancia para evitar que sus hijos hagan malos actos, es casi imposible. Este tipo de padres es completamente terco y no hay manera en que alguien pueda lograr que cambien de opinión. Sin embargo, es indiscutiblemente necesario que, si quieren ver un rompecabezas completo y armonioso en la vida de sus hijos, lo hagan. De ese modo, el mundo puede comenzar su mejoría, dado que el cambio comienza en cada mínimo detalle, por más insignificante que se vea. Si se comienzan a criar a los hijos de una forma preventiva, en todos los aspectos, les ayudará en el futuro para saber cómo reaccionar. Los niños son una especie de esponja que absorben cada detalle, perciben el amor con el que la familia se trata, la forma en que las personas tratan a su pareja, los modales del mesonero que los atiende, observan al vecino, a los animales y sobretodo, cómo los tratan a ellos. Los niños hoy en día, nacen supremamente inteligentes y, al parecer, más que los mismos padres. Hay padres que se les está olvidando que la tentación existe y que inevitablemente sus hijos la van a vivir. Si los obligan tercamente a no experimentar su vida, automáticamente estarán condenando a su hijo a la posibilidad de saber cómo reaccionar.

Muchos de los padres están pasando por alto lo inevitable: la tentación y la maldad de otros. No hay manera de encerrar a los hijos en una cápsula para que nada les suceda, es imposible por más que se quiera, hay que dejarlos vivir con conciencia. Es necesario que los padres entiendan que no pueden evitar que lo inevitable llegue, aunque decirle a sus hijas que no pueden hacer algo, de vez en cuando y dependiendo de las circunstancias, también es necesario. Sin embargo, no para lo que indiscutiblemente tienen que aprender a evitar tarde o temprano, porque ya no estará en sus manos; lo que sí está en tus manos es que tus hijos sepan cómo manejar diferentes situaciones. Los niños siempre van a querer probar nuevas experiencias; decirle que no a un niño es más que seguro que es lo primero que harán.

Todo se comenzará a tornar más peligroso cuando esos niños se conviertan en adolescentes y crezcan con un "no" en sus mentes sin tener ni la menor idea de lo que puede llegar a sucederles de la puerta hacia afuera. Serán turistas de sus propias vidas y vivirán con un temor tan grande a sus padres, que harán todo a escondidas. Lo peor de todo es que no tendrán conocimiento alguno de los resultandos que sus acciones podrían llegar a ocasionar.

Inyectarles miedo a los hijos, en lugar de confianza, es asegurar que todo lo hagan a tus espaldas o se lo guarden por miedo a lo que en su propia casa pueda llegar a sucederles si llegan a contar lo que están viviendo fuera de ella. Necesitan una ayuda inmediata de vida o muerte, pero su temor de hablar en familia es más grande que el temor de lo que pudiera pasarles si no hablan, algo terrible como alguna amenaza, algún novio maltratador y muchas circunstancias más.

El ser humano desde que nace, siempre le ha llamado la atención lo prohibido, pero si se les enseña a ser conscientes desde pequeños, evitarán lo que pueda causarles daño a ellos o a los demás. Hay tentaciones prohibidas que no son letales ni causan daño, pero por la edad o por la falta de amor, no es correcto que sucedan en algún momento específico de sus vidas. Esto quiere decir que no debería ser normal que una hija tenga sexo siendo menor de edad o sin sentir amor por la otra persona, esto tiene que ser absolutamente prohibido, por más normal que hoy en día se vea; pero no será prohibido cuando ese momento llegue. Los padres les enseñarán cómo protegerse de las enfermedades que existen y también de los embarazos porque al sucederles a una edad temprana, sus vidas pasarán a un segundo plano. Es necesario enseñarles que deben sentir algo bonito por su pareja, antes de practicar el sexo; aunque la diferencia de saber si aman a la persona o no, no podría ser explicada por ningún padre, tiene que ser vivida por ellos mismos. Pero lo que sí se puede explicar con palabras, es que es imposible sentir amor por una persona que apenas conocen, por lo que no es adecuado que ese mismo día tengan relaciones sexuales. Hay que enseñarles valores; enseñarles que hay hombres absolutamente sexys y con mucha labia, pero que eso no es amor verdadero, que no se dejen confundir; enseñarles que un hombre, primero se tiene que ganar su corazón antes que su cuerpo, que entiendan que si se acuestan con un hombre el mismo día de conocerlo, no será un sexo auténtico y lo más probable es que la verá como una más del montón y no la respetará, pero lo que más importa es que si eso sigue sucediendo con otro y otro chico, llegará el momento en el que ni ellas mismas se respetarán y sentirán un vacío tan grande en sus vidas, que pensarán que nadie las quiere y nadie las llena, sin entender que lo que está sucediéndoles es una enorme falta de ese **amor propio** que su padre nunca les enseñó que existía.

Mi consejo para ti es:

Mandar a un hijo a la vida real sin ningún tipo de conocimiento ni prevención, es directamente proporcional a mandar soldados a la guerra sin ningún tipo de arma con la que puedan defenderse. Los hijos tienen que saber que si algo les sucede, tendrán en casa un padre en quién confiar, que entenderá su situación, y no un ogro que los castigará. Ahora, yo te pregunto a ti, padre que estás leyendo ahora, ¿quieres mandar a tus hijos a la guerra sin ningún tipo de arma o prefieres mandarlos preparados para que puedan enfrentar lo inevitable? Tu conciencia te responderá. Ten fe en sus señales.

Ten conciencia de que no todo lo que eres podría ser tu auténtica verdad

Me encantaría tener la oportunidad de estar en la mente de cada uno de ustedes y ayudarlos a ver sus verdades, así podrían vivir sus propias vidas, pero lamentablemente este es el único método que tengo para ayudarlos a conseguirla.

En el momento en que naciste ya había una religión esperando por ti, unas creencias y hasta tu propio nombre, naciste sin la elección de decidir por ti. Cuando creces, puedes elegir en qué creer y en qué no. Lamentablemente, ya tienes dentro de ti las creencias que tus padres te enseñaron, lo que te enseñaron tus maestros, lo que te enseñó el cura de la iglesia a la que vas; todo está dentro de ti, de modo que te castigas tú mismo cuando haces un acto justo para alguien, pero que va en contra de lo que otros te han enseñado porque no estás viviendo tu vida, eres esclavo de las enseñanzas que salieron de la boca de otras personas.

Todos inconscientemente buscan la verdad, pero no son conscientes de que toda esa verdad está únicamente dentro de ellos, pero debido a las creencias que han almacenado con los años, no tienen ojos para verlas. Deben entender que el piloto de sus vidas tiene que ser la justicia para que ella ponga en tela de juicio si lo que sabes tiene la razón. Esto quiere decir que es la única manera de entender si lo que te han enseñado tiene algo de verdad o es completamente falso.

Te resulta imposible ver quién eres realmente y juras que tu mayor temor es morir, cuando en realidad tu mayor miedo es vivir: vivir con miedo a ser criticado, vivir con miedo a fracasar, vivir con miedo a no complacer a los demás a partir de sus enseñanzas falsas. Es por eso que terminas viviendo una vida completamente ajena, no es tu vida la que estás viviendo sino la vida deseada de otros, vives una vida intentando que los demás te acepten. ¿Cuándo te tomarás el tiempo para aceptarte?

Muchos padres quisieron ser doctores, pero como no pudieron y son sus sueños frustrados, usan su mandato y poder de la palabra para apoderarse de la mente de sus hijos y obligarlos, desde pequeños, a que tienen que ser doctores. No tiene nada de malo que les enseñen a ser exitosos; ser doctor es una carrera admirable, pero lo que sí es malo es que no están siendo justos porque no les dan el derecho a sus hijos de elegir su propio futuro, quieren cumplir sus deseos sin importarles que estarán privando a sus hijos de cumplir los suyos.

Una vez más, los padres tienen que enseñar a sus hijos a prevenir, en lugar de prohibir. No les prohíban ser futbolistas solo porque tú, como padre, quieres que sea doctor. Enséñenles que deben de estudiar para prevenir, pero jamás prohíban que estudien lo que ellos desean. Ya elegiste su nombre, déjalo que él elija el resto de su vida, con conocimiento.

Mi consejo para ti es:

No permitas que otros elijan tu vida, pero tampoco te confundas con querer hacer lo que te dé la gana sin entender que hay actos que traen consecuencias. Tienes que ser consciente de tus deseos, pero que no sean actuar como un delincuente, porque entonces sí tus padres tendrán la razón al tener que obligarte a ser doctor; si tu deseo es ayudar a los animales, pero eso va en contra de las enseñanzas de tus padres, entonces ***¡hazlo!*** *porque tienes la libertad de hacerlo.*

No regales tu tiempo intentando ser alguien; úsalo para lograr serlo.

Redes sociales

Las acciones de algunas personas dentro de las redes sociales, causan una infinidad de preguntas que parecieran no tener respuesta, es por eso que escribir este libro era necesario para ayudarte a llegar exitosamente a tu destino.

Recuerden nunca tomarse nada personal y que son libres de actuar de la forma que deseen, pero las consecuencias que obtengan dependerán de sus decisiones, sin derecho a quejas. Hay una gran confusión de creencias en muchas personas; quizás esto es lo que está evitando que Dios y el universo les den lo que en realidad están buscando. Sin embargo, la verdad de estas personas en particular, es que sus acciones no concuerdan con lo que desean recibir, esa es la razón por la que obtienen lo contrario a sus deseos o más de lo mismo.

Antes de leer los siguientes ejemplos, debes soltar tu ego y tus creencias para entender el error que pudieras estar cometiendo. Durante la lectura, solo debes enfocarte en tener consciencia para que entiendas lo indispensable que es sincronizar tus acciones con lo que deseas obtener.

Reflejar los ejemplos a partir de circunstancias reales, sin párrafos confusos ni complicados, siempre será la mejor técnica para que el lector pueda conectar con lo que está leyendo y entender que nada es inventado, que todo está allí; aunque sin consciencia, será imposible verlo. Uno de los ejemplos es el siguiente: Una persona "X" sube una foto o un video en su perfil, mujer u hombre no importa, pero su objetivo es ser reconocida por su talento como actriz o actor. Cree, desde su verdad, que es la forma correcta, pero esto no quiere decir que su acción sea la correcta para lograr su éxito, ya que monta su supuesta obra de arte en la que está prácticamente al desnudo y en posiciones extrañas; si un productor consciente la ve, entenderá de manera inmediata que lo único que desea esa persona es encender el morbo de otros y quizás el de él. Sin embargo, resulta que no es así, dado que se fijó en la descripción de la foto: "Dios es el protagonista, ya que se tomó el tiempo de escribir frases en la biblia de superación personal". Ahora bien, la pregunta es (respóndete desde una conciencia completamente sincera y transparente), ¿Concuerdan las acciones que esta persona tiene debido a sus creencias, con el querer ser visto como actriz o actor, y a esto sumarle versículos de la biblia? Creo que lo único que obtendrá son mensajes morbosos y críticas.

Se sabe que las personas siempre van a criticar, eso no podrás controlarlo, pero lo que sí puedes controlar son tus acciones para poder estar en el canal correcto y tus resultados sean directamente proporcionales con lo que estás buscando. Para que otros vean tu talento, no es necesario mostrar las partes íntimas, esa es la mayor de las tragedias. Cuando estas personas actúan inconscientemente, se están quitando ellos mismos la posibilidad de descubrir o pulir un verdadero talento, en lugar de convertirse en payasos comerciales. Esto ha sucedido gracias a que muchas empresas están contratando a personas comunes por la cantidad de seguidores que tienen y no por su talento; están convirtiendo la industria del arte en un circo donde el primero que haga una payasada, con la mayor cantidad de vistas posibles, se convertirá automáticamente en un supuesto artista. Lo más trágico de todo esto es que es la misma gente la que ha logrado darle poder a estos payasos que tanto critican en la actualidad, irónicamente los critican, pero los siguen. La culpa es de quien tiene el poder de frenar la situación, pero no lo hace. Si nadie reenviara sus videos, nadie los vería; si nadie los viera, estos empresarios no pagarían por contenidos vacíos, lo que sería lo mejor que a estas personas pudiera sucederles, aun cuando les molestara en ese momento. De este modo, la gente se obligaría a conseguir logros reales que perduren durante toda su vida, en lugar de logros alcanzados por payasadas comerciales que serán olvidados cuando venga un payaso con un mejor truco.

Millones de personas tienen talento y crean contenido interesante, productivo y con mensajes de crecimiento personal. Lamentablemente, si ese contenido no es comercial, por mas talentosas que sean, no serán tomadas en cuenta por nadie.

El gran problema de darle importancia al contenido de estos payasos es que su ego los está carcomiendo y han comenzado a creerse más poderosos que las mismas estrellas de Hollywood, donde estos actores sí han llorado lágrimas de sangre y pagado millones de dólares en estudios y preparación para ser tomados en cuenta. Cuando la gente que hace payasadas es contratada de forma inmediata, no quiere decir que sea talentosa, quiere decir que la sociedad tal como está, completamente hueca, tiene como ídolos a personas que en realidad no les está aportando nada. Estos payasos cibernéticos no entienden que esos seguidores y *likes,* no los convertirá nunca en líderes ni mucho menos les dará el derecho de pasar por arriba del quien sea. La palabra artista viene acompañada de humildad y dedicación.

Es hora de que el sistema comience a darle prioridad a los verdaderos talentos y obligar a que los payasos tomen su lugar. No se tomen personal la palabra payaso, un payaso es un artista, pero de circo; es allí donde pertenecen para darse la posibilidad de que muchos les aplaudan por su talento, en vez de ser criticados por intentar ser protagonistas de una película creada por sus propias mentes, en el lugar equivocado, porque no tendrán un éxito duradero, solo momentáneo porque en el momento en el que cierren una red social ya no serán nadie, puesto que jamás se preocuparon por tener un verdadero nombre artístico.

Mi consejo para ti es:

El poder de transmitir lo correcto es tan indispensable como respirar. Si no respiras correctamente, te faltará el aire y te traerá consecuencias a futuro. Si no quieres que te vean como un payaso, no actúes como tal o ve al lugar al que pertenecen tus acciones; ser payaso no es malo, de hecho me encantan, pero si quieres un nombre en el mundo de la televi-

sión, del cine y ser reconocido como un auténtico actor, debes estudiar y prepararte, en lugar de lograrlo por medio de contenidos vacíos. Aunque sea eso lo que el mundo actual pide, no debes prestar tu nombre para un apodo que no deseas obtener, porque es tu futuro el que estás poniendo en juego. Aunque creas que estos empresarios te respetan por tu contenido, te aseguro que no, solo usarán tus payasadas para que ellos puedan vender su producto. Ahora, si te sientes bien así, en lugar de convertirte en una marca respetada, por llamarlo de alguna manera, entonces olvida lo antes leído y disfruta la forma en que te usan, pero siempre ten consciencia de que tú eres el que tomaste tus decisiones, nadie tiene la culpa; por lo tanto, jamás deberás quejarte.

Gracias

El significado de esa tan simple, pero tan potente palabra, conlleva un poder implacable que al usarse o no, podría describir en un 70% el tipo de persona con la que te topas diariamente, así como también qué tipo de persona podrías ser tú para los ojos del otro.

Aunque nunca se debe suponer la falta de agradecimiento, estará en todo su derecho de hacerlo si esto se lleva a una circunstancia en la vida real. Quiere decir que si una persona "X" llega a un restaurante y no tiene la iniciativa de agradecerle al mesonero por sus servicios, él estará en todo su derecho de suponer que esa persona es una mal agradecida, maleducada o pedante a que le falta humildad, pero si el mesonero es una persona consciente, entenderá que quizás algún problema abunda por la mente de la persona "X" y esa fue la razón por la que en ese momento olvidó por completo sus modales, de modo que no se lo tomará personal. No obstante, si sucede de manera consecutiva, las suposiciones del mesonero serán correctas.

La consciencia de esta persona "X", si no la olvida, le deberá recordar dos cosas: la primera será que nunca debe transmitirle a los demás lo que no es, sobre cualquier sentimiento que pueda llegar a invadirlo en el momento que sea; la segunda es que el mesonero no tiene la culpa de sus problemas, por lo tanto, sus modales nunca pueden faltar, aunque le dé igual lo que otros piensen de él. Aquí sí debería de importarle, ya que ser agradecido no solo describirá qué tipo de persona es, sino que también creará buenas opiniones de otros hacia él, que podrían abrirle puertas, y lo más bello de esto es que las mantendrá abiertas.

El mundo es un círculo en el que está garantizado que se moverá de manera constante. Esto quiere decir que ese mesonero al que ignoraste o menospreciaste, podría llegar a tener en su poder una oportunidad que más adelante podrías llegar a necesitar.

La palabra **gracias** le dará valor, grandeza, poder y humildad a los seres humanos que la usen. El jefe de una empresa, que sienta gratitud por sus empleados, automáticamente se convertirá en un líder. Los jefes no acostumbran agradecerles a sus empleados porque sienten que son los empleados los que deberían de agradecerles a ellos, pero un líder siente la necesidad de ser agradecido porque sabiamente entiende que el éxito de una empresa dependerá de sus empleados, en un gran porcentaje, ya que son ellos los que tienen el trato directo con el cliente.

Un simple **gracias** al cartero de la esquina de tu casa, será suficiente para alegrar su largo día de trabajo, dejándole saber que todavía hay personas en este mundo que valen la pena, ya que estos humildes trabajadores están acostumbrados a que todos los ignoren, todos menos tú. Ser agradecido con los demás de manera inconsciente, podría alegrar tu oscuro día sin que lo esperes. Algunas de estas personas a las que les das las gracias diariamente, sin dejar que ningún pensamiento negativo manipule tus modales, lograrán saber el ser humano auténtico y diferente que eres ante los demás y te lo harán saber.

Un ejemplo de lo anterior, llevándolo a una circunstancia cotidiana, sería algo así: Todos los días vas a comprar café en un puesto pequeño donde una señora de edad avanzada te lo prepara con todo el amor del mundo, sin esperar nada a cambio. Esa señora está acostumbrada a que la mayoría tome su café y se vaya sin que la tome en cuenta. Ella es una persona trabajadora que está luchando de la manera más humilde y amorosa posible hacia ellos, pero estos simplemente la ven como alguien que les da lo que piden y que al obtenerlo, pagan y se van. La acción de dar las gracias no es una opción para este tipo de personas. Esa señora podría estar acostumbrada a eso, pero si tu trato es diferente, causará en ella la necesidad de agradecerte el hecho de que la tomaras en cuenta como nadie lo había hecho. De esa forma, te dejará saber que eres uno de esos pocos seres humanos que se merecen el universo entero y te lo demostrará en el momento que más lo necesites, provocando que tú también sientas que tus esfuerzos son valiosos. Automáticamente cambiará el color de ese oscuro día.

Ser agradecido no solo se debería de practicar con los seres vivos, sino también con los que ya no lo están, ya que son ellos los que nos mantienen respirando cada segundo, pues son una especie de muro de contención transparente que nos mantienen de pie, sin importar las creencias religiosas. Si solamente crees en la energía, entonces agradece a esa energía por tu vida; si crees en los ángeles, entonces agradece a tu ángel guardián por quitar de en medio a quien el mal te desea; si solo crees en tus ancestros, entonces déjales saber que eres consciente de ellos, aunque no estén contigo de manera visible; agradécele al aire que por tu nariz entra, al agua que bebes; agradécele al fuego sin importar que te haya quemado. Sentir agradecimiento hacia todo significa que has entendido que cada objeto, circunstancia, animal y todo lo que forme parte de tu mundo personal, por más doloroso o insignificante que sea, ha sido, es y será necesario para lograr un equilibrio, equilibrio que si no eres consciente, no podrá lograr su objetivo: que entiendas que cada mínimo detalle de tu vida conlleva la verdad final, verdad que te dará el aprendizaje necesario para obtener lo que por tanto luchas. Ser agradecido es prácticamente la clave del éxito.

Mi consejo para ti es:

Sé agradecido.

El agradecimiento no debería de ser para siempre

Se sabe la importancia de ser agradecidos, eso no es negociable. La gratitud siempre debe ser tu primer acto y debería de ser de manera constante. Lamentablemente, no ser constante es la circunstancia que puede evitar que tu agradecimiento llegue a su fin. Otro aspecto que puede menguar tu constancia el **ego** que muchas personas poderosas tienen, puesto que se sienten merecedores de tu gratitud de por vida, debido a algún favor hipócrita que te hicieron en algún momento de tu vida.

Este es un punto que se presta para que muchos sientan confusión. El hecho de que alguna persona te haya ayudado algún tiempo atrás, no significa que tengas que sentirte con la obligación de estar a su disposición cuando se le antoje. El ego de estas personas les hará creer que son mejores que tú y que son las únicas con el poder de darte lo que tú podrías llegar a necesitar. En pocas palabras, tu éxito dependerá de ellos y no de tus esfuerzos. Esto no quiere decir que estas personas sean maldad pura, la maldad pura es otro punto, pero lo que sí quiere decir es que la mayoría de su ayuda tiene un único fin: pedir algo a cambio en el futuro. Por lo tanto, no será ayuda auténticamente humilde.

La mayoría de estos poderosos, podrían ser jefes, productores de televisión, empresarios o cualquier otro que esté en un cargo superior al tuyo; sea como sea, no te prestarán ayuda porque en realidad así lo deseen, sino porque algo siempre van a esperar o necesitar de ti y no será algo honesto, en la mayoría de los casos. Es sumamente importante que tu consciencia siempre esté encendida para que puedas descifrar si su ayuda es de corazón o por ambición. Una ayuda honesta jamás va a esperar ni tan siquiera un gracias de tu parte ni mucho menos te hará sentir que estás en la obligación de tener que aceptar proposiciones que podrían estar por encima de tus valores.

Una persona que brinda ayuda auténtica, nunca esperará nada que no sean tus ganas de salir adelante y que aproveches al máximo esa oportunidad, se sentirán plenamente felices de verte crecer, su único éxtasis será sentir y saber que hicieron algo bueno por una persona que se lo ha ganado. Serán lideres natos y muy conscientes, sabrán muy bien a quién le brindan su ayuda y a quién no, puesto que son sumamente exclusivos a la hora de elegir. Este tipo de líderes serán los únicos merecedores de tu gratitud de por vida, aunque no te la exigirán, por la única razón de que no son dominados por su ego; jamás se sentirán los causantes de tus éxitos; no te harán sentir por ninguna circunstancia, que has llegado al universo gracias a ellos; te harán saber que tus logros han sido, son y serán causados gracias a tu grandeza, constancia, fe, fortaleza y, sobre todo, a tu gratitud.

Les contaré una historia personal que está asegurado que les servirá como ejemplo para que puedan entender lo que intento decir: Una vez, una persona X, un poderoso en el mundo de la televisión, me dio la oportunidad de entrar en una producción. Era la oportunidad de oro para mí, ya que había hecho millones de casting y nunca nadie me había ayudado. Sin embargo, esta persona que además de poderosa era sumamente inteligente, me dio la ayuda por la que tanto me había esforzado. Me sentía de manera desesperada con la necesidad y obligación de agradecerle por lo que hizo por mí. Mi gratitud comenzó por hacernos buenos amigos, comencé a llenarlo de regalos como método de agradecimiento, puesto que solo pasaban por mi mente pensamientos como: "el hizo por mí lo que nunca nadie había hecho". Mis regalos fueron desde él, hasta a su abuela. Al terminar las grabaciones del proyecto, hubo un tiempo en el que dejé de escribirle y quise hacerle una prueba para entender si de verdad esa persona merecía de corazón, tantos detalles de mi parte, así que comencé mi plan de investigación. Al pasar el tiempo, él nunca más apareció ni para decirme: "Hola, ¿Cómo estás?". Pocos meses después me escribió para pedirme un préstamo monetario al que accedí felizmente.

Mi agradecimiento era tan potente que mi plan de prueba fracasaba una y otra vez. Luego volvió a desaparecer; tiempo después apareció y no precisamente para darme las gracias por el préstamo anterior sino para pedirme nuevamente más dinero. Esta situación se repitió de manera constante durante aproximadamente un año, hasta que tomé consciencia para entender que la gratitud es importante, pero que ahí estaba pasando algo más. Fue en mi meditación que logré entender y aceptar que esa persona se había dado cuenta de lo agradecido que yo estaba, por lo que se estaba aprovechando de esa circunstancia para obtener beneficios. Cuando entré en razón y entendí que solo me escribía para pedir y no para agradecer ni mucho menos para continuar la amistad, corté de manera inmediata esa tan excesiva gratitud que yo sentía que era mi obligación tener. Esta persona se dio cuenta de que no podía sacar de mí más nada, así que nunca más volvió a aparecer. La ayuda que me llegó a brindar fue completamente hipócrita.

Lo que intento decir con esta historia es que a veces, aunque no crean, la ayuda de la gente se basará más en lo que tú puedas darles y no en lo que tú te mereces. Jamás debes de humillarte ni mucho menos endeudarte por nadie. En muchas ocasiones, creerás que el interesado en obtener la ayuda eres tú, pero la realidad es que son ellos los que de verdad ganarán porque exigirán mil cosas a cambio de una, lo que será completamente injusto. Que ellos tengan el poder, no significa que no tengan la iniciativa de agradecerte los detalles que das; esto quiere decir que tus regalos también merecen ser tomados en cuenta. No te acostumbres a llenar de detalles a personas que no lo merezcan constantemente, porque el día que no lo hagas, tú serás el mal agradecido.

Mi consejo para ti es:

Debes de entender que tu agradecimiento por un favor en especifico, siempre tiene que estar presente, más no por la persona que con sus acciones lo destruya. Un ejemplo real de mi historia personal, es que mi fiel agradecimiento será de por vida para la oportunidad que ese productor me brindó, pero no para todas las veces que esa persona intentó sacar provecho por medio de ella.

No llames loco a alguien que tiene la capacidad de confiar en su imaginación.

Locos o visionarios

La palabra locura solo es utilizada por aquellos que no son capaces de darle prioridad y fuerza a su imaginación.

Todo aquel que se tome el tiempo de investigar sobre el pasado de los más grandes creadores, descubrirá que siempre fueron vistos como locos. Hasta ellos mismos habrán dudado de su cordura en algún momento, pero si hay algo que tenían esos visionarios, es que eran capaces de llevar a la realidad lo que su propia mente les decía que no era posible. Las personas que cuentan con esta capacidad, tienen una imaginación totalmente desprendida de sus pensamientos negativos, son como una especie de niños atrapados en cuerpo de adultos, para ellos todo es nuevo, importante y se mantienen en constante aprendizaje. Los personajes que han marcado la diferencia, han mantenido siempre la conciencia de nunca evadir ninguna señal, por lo que su habilidad para entender las necesidades del futuro, les dará vida en el presente; siempre irán mil pasos adelante de cualquier mente común que no llegue a confiar en lo que su imaginación les intenta mostrar.

Estos personajes sobrepasan los límites, buscan lugares ocultos dentro de su propia imaginación para sacar las ideas al descubierto, ya que entienden que es allí donde muy pocos se atreven a entrar: allí radica la verdadera riqueza.

Estos líderes no logran entender cómo es que hay personas que despiertan a las cinco de la mañana sobre su propia voluntad, desayunan de forma acelerada y muchas veces forzada para no llegar tarde a un trabajo donde su única función es hacer montañas de dinero para otros. Estas personas viven engañadas para cumplir el éxito de aquellos que fueron capaces de salir de su zona de confort; lo más triste de esto es que son ellos mismos los que llaman locos a los que firman sus cheques. Sin embargo, entendamos con sabiduría que la locura radica en todo aquel que no es capaz de darle prioridad a sus metas.

Esa riqueza que imaginan, pero que lamentablemente buscan de manera equivocada, no estará en un trabajo que los haga sudar físicamente, eso está más que comprobado. Es totalmente entendible que la necesidad existe y hay cuentas por pagar, pero allí es cuando la conciencia te volverá a salvar para recordarte cuál es tu prioridad, qué tan grande quieres llegar a ser y qué tan lejos quieres ir. También te ayudará a que entiendas que ese trabajo es solo un momento por el que debes pasar para darle el valor necesario a tu talento. Debes aprender el para qué de ese momentáneo trabajo, no lo menosprecies, ya que es más que seguro que te dará la gasolina que hará volar tus más grandes deseos.

Jamás olvides para qué estás destinado, logra ser una esponja, absorbe lo que puedas, conviértete en una leyenda para que donde te pares, sobresalgas humildemente. No todos en esta vida lo logran, son contados porque mantener la conciencia encendida cada segundo les es complicado, puesto que la distracción toma el protagonismo.

Tu trabajo es descubrir tu don y desarrollarlo al máximo, convéncete de que el talento no funcionará si no tienes horas y horas de dedicación mental. El control de tu menta le podrá dar vida a tu creación porque es una máquina que va más allá de lo que tú mismo puedes llegues a entender. Ten fe para creer aunque todavía no puedas ver con claridad y las respuestas llegarán en forma de resultados.

La respuesta del porqué solo el 10% de las personas poseen la riqueza del mundo entero, está en que ellos no tienen tiempo para hacerse las víctimas ni de darse el lujo de no llevar a cabo sus tareas, ellos siempre encontrarán las respuesta por mas complicada que se vea, ya que no esperan a que Dios y el universo se las den de la manera más cómoda y fácil de entender. Si agarras el camino mentalmente fácil y físicamente difícil, estarás acabado.

Mi consejo para ti es:

No sientas que estás de último para subir en ese avión vía al éxito y comienza por un primer paso; ese primer paso te animará para un segundo y así de manera constante sin frenar. Confía en ese proceso y verás que sentir que estás de último también será una señal necesaria, ya que para lograr una vida consciente, el tiempo perdido no existe.

Estar en la delantera únicamente será exigido por aquellos que disfrutan ganar, pero no les importa el aprendizaje que cada camino deja.

Estar de último es una virtud

Muchas personas creen que están destinadas a no lograr nada, ya que se enfocan en la tardanza que sus éxitos se han tomado en llegar a sus vidas. Al enfocarse en esto, le están dando prioridad a los problemas, sin entender que ellos son los ladrillos que están construyendo ese tardío éxito.

Problemas en la vida siempre van a existir, es el condimento que le va a dar el más rico de los sabores a tu éxito. Pero todo se complica cuando la mente humana transforma un problema en muchos significados destructivos, sin tener consciencia de que el único y auténtico problema verdaderamente letal, es la importancia que se les da. Sacar o transformar la palabra problema de sus vidas sería una de sus mayores virtudes porque les daría la oportunidad de buscar el lado positivo y el mensaje que cada situación conlleva.

El gran problema del ser humano es que está más enfocado viendo los supuestos logros de otros, que en valorar los suyos. Es normal ver crecer a conocidos o a personas que admiras y sentir que tú sigues en el mismo lugar. Tu mente y pensamientos negativos te dirán: "Muévete estás de último", lo que causará que sigan llegando pensamientos parecidos que te frenarán, quitándole valor y reconocimiento a tus esfuerzos.

Sin embargo, déjame decirte algo: estar de último es una virtud fascinante, pero en su mal entendimiento podría hundirte en el peor de tus fracasos. Para evitar que esto suceda, primero tienes que dedicarte a leer conscientemente tu conciencia para que logres entender que no eres el primero ni el último que ha pasado por lo que tú estás pasando, así que no te lo debes de tomar personal.

Hoy en día, pocos se toman el valioso tiempo de conocerse, gracias a que la facilidad de este mundo actual los a llevado a cambiar lo auténtico por lo rápido. Estar de último te hará ver todo lo que adelante de ti esté, te dará las respuestas a tus preguntas, te mostrará el mejor camino o, en su defecto, te dirá si es necesario crear el tuyo; estar de último es una ventana con acceso directo al universo entero: podrás ver todo. Por lo tanto, tienes que darte la oportunidad de disfrutarlo; en pocas palabras, si eres consciente entenderás que estar de último es estar en la delantera.

Mira al que adelante de ti está, aprende, ve sus fallas, virtudes, movimientos, absorbe y convierte todo en una mejor versión personalizada, para luego aplicarlo en tu vida. Cuando tu mente te diga "por fin estás de primero", tu conciencia la frenará dejándole saber que siempre lo estuviste, solo que tu ego no te dejaba verlo.

Los que se creen que están en la delantera, no tienen humildad, solo ven adelante de ellos lo que su ego les muestra. Si logras entender que estar de último es una simple ilusión mentalmente negativa, entenderás que los primeros puestos solo existen para los que viven en competencia, y que solo los que disfrutan aprendiendo de cada momento, serán líderes natos. No existen primeros puestos cuando se vive con humildad y gratitud. Si crees que estás de primero, para el mundo de la autenticidad espiritual no tendrás ningún tipo de valor como ser humano.

Mi consejo para ti es:

Darle el crédito a los primeros puestos es un simple juego mental con el único fin de alimentar el ego para hacerte creer que eso es lo que importa. De esta manera, logrará quitarle valor a tus esfuerzos sin tener consciencia de que la suma de ellos es el verdadero éxito.

Problemas

He aquí una palabra que se ha dicho antes, que debes de sacar de tu mente o, en su defecto, transformar el significado y entendimiento que tienes de ella: problemas.

Los problemas no son más que los **para qu**é que Dios te envía para que logres llegar al universo. No votes las piedras con las que te tropiezas en este gran camino de la vida, guárdalas porque no tienes idea del valor que tienen, podrías utilizarlas más adelante. Pero si las dejas y no ves en ellas ninguna utilidad, más temprano que tarde, alguien las usará en tu contra y no serás lo suficientemente fuerte como para soportar los ataques de la maldad que por naturaleza existen en este mundo. Vuelve tuyas las señales de esos problemas, son tu armadura para que nadie pueda tan siquiera tocarte; utilízalas para construir un muro, el muro más sabio, fuerte y grande antes visto; no dejes que esas piedras te causen miedos o frustraciones; cree, desde el fondo de tu conciencia, que Dios únicamente le lanzará piedras a sus más fuertes guerreros, siéntete orgulloso de eso.

Para proyectar esto en el camino real de la vida, las piedras serían las circunstancias o problemas que puedas conseguir en él. Tienen como objetivo dos finales que dependerán de qué tan fuerte sea tu conciencia para recordarte que esas circunstancias o problemas no deben de nublar tu objetivo porque evitarán que el positivismo comande tu vida. Por una simple piedra mal entendida, podrías volver tu vida una guerra mental. Tu consciencia será la alarma para que no olvides que esas piedras son tus aliadas y soldados, que esas malas circunstancias son solo momentos que llegaron a tu vida para mostrarte una verdad, verdad que dependerá de tu fe, lo puedas ver o no. Si logras verlo, uno de estos dos finales será tan fantásticamente satisfactorio que podrías estar bajo una lluvia de piedras enormes y ninguna de ellas podría tocarte ni afectarte. Tanto así, que las demás personas verán lo auténtico que eres y causarás en ellos inquietudes y preguntas, ya que no entenderán por qué a ellos les sucede todo lo malo, en tanto que a ti todo te sale perfecto. La respuesta a eso es que todo lo que les sucede es causado por sus pensamientos negativos; no es que tú seas un súper poderoso, pero a diferencia de ellos, tú sí lograste verle a los problemas el lado positivo. Esta es la razón por la que la maldad jamás podrá tocarte. Ser positivo en cada circunstancia, logrará que tu cuerpo se convierta en un imán tan poderosos que atraerá lo que imagines y lo que no, también. Pero debes tener cuidado y no tomarte personal los halagos que otros te den, porque crecerá tu ego y te perderás nuevamente, causando tu propia destrucción.

A continuación, te daré un ejercicio que podrás llevar a la vida real para entender la importancia de mantener la mente siempre limpia de pensamientos negativos: cierra los ojos y, por favor, deja a tu ego afuera, luego imagina que entras a un cuarto donde hay miles de hilos que caen desde el techo hasta tus ojos, cada hilo tiene un papel con una señal o escritura, pero solamente hay dos tipos de colores: azules y rojos. Ahora que ya estás adentro del cuarto, trata de diferenciar qué papeles son rojos y conseguir uno que deberás leer detenidamente e intentar obtener un aprendizaje de él. Así hayas leído algo tan terrible que haya causado en ti el más grande de los temores, no importa, se fuerte, ten conciencia y busca el aprendizaje; luego agarra el papel, arrúgalo y bótalo. Ahora reemplázalo por un papel azul y escribe en él lo que aprendiste del rojo, luego pégalo de nuevo en el hilo. Este proceso hazlo una y otra vez con cada papel rojo que veas en cada uno de esos hilos. Nunca ignores el mensaje que tiene para ti porque será indispensable para darle el valor necesario a los papeles azules. Reemplázalos todos hasta lograr ver un cuarto lleno de infinidad de papelitos azules y ya no haya un solo papel rojo que distraiga tu vista en ese hermoso cuarto, que ningún papel rojo te desvíe de tu objetivo. Ahora bien, ese cuarto, si lo llevas al mundo real, es tu mente llena de pensamientos positivos y negativos a la que debes entrar cada noche antes de dormir. Tienes como tarea buscar el aprendizaje en cada problema que crees que ha llegado a tu vida. Esos son los papeles rojos que deberán ser reemplazados después de haberles sacado provecho. Luego, cuando te sientas bien de haber quitado todos esos pensamientos malos, tendrás una mente limpia con un azul resplandeciente que te dará paz mental para poder dormir con tranquilidad, ya que nada te distraerá. De esta manera despertarás recargado de energía y optimismo para crear un día productivo. Este ejercicio tienes que hacerlo cada vez que algo intente perturbarte y, sobretodo, antes de dormir. Jamás debes de acostarte con dudas y temores porque estarás afectando automáticamente tu siguiente día.

Luego de hacer este ejercicio una y otra vez, sin jamás ser olvidado, le estarás dando vida a una de las virtudes más complicadas para lograr lo que te propongas, virtud que irá de la mano con la posibilidad de que, inconscientemente, esos papelitos rojos sean remplazados por azules sin que tan siquiera te enteres. Solo lo sabrás por tu manera de sentir gratitud constante ante la vida, nunca estarás de mal humor, no te tomarás personal nada que lo otros intenten hacerte o decirte, nunca tratarás mal a nadie y, sobretodo, tu vida jamás estará destruida, solo estará en constante construcción.

Mi consejo para ti es:

Cree fielmente que la conciencia tiene el poder de lograr que los problemas en tu vida no sean más que mensajes constructivamente positivos, que te darán la visión necesaria para enfocar tu verdadera tarea en este mundo, porque todos la tenemos.

Para aprender no necesitas que otros te hagan sufrir; para enseñar no necesitas hacer sufrir

Este punto es sumamente importante para la decisión del futuro de personas vulnerables, ya que algunos profesores, jefes de compañías, productores, maestros, directores de televisión, artistas etc., se creen poderosos, pero olvidan el poder que tiene la palabra, que es veneno o medicina y puede influir en la vida y desarrollo de las personas que los siguen. Creen que porque tienen cierto poder, tienen el derecho de tratar a sus empleados, alumnos u otros, de una forma humillante. Quizás porque sus realidades así fueron y suponen que para que sus seguidores alcancen el éxito tienen que vivir lo mismo que ellos. Estas suposiciones que estas personas tienen, no son más que su ego gritándoles que deben demostrar en cada instante esa fortaleza que no tenían cuando eran ellos los humillados, pero no tienen la mínima conciencia de que la verdadera grandeza y fortaleza radica en la manera con la que transforman sus oscuros pasados en aprendizajes positivos, con la única finalidad de ayudar a que otros no sean tratados de la misma manera.

También es una realidad que muchas personas se aguantan los maltratos de sus maestros, ídolos o como sea que los llamen, ya que crecieron creyendo que eso es más que necesario para lograr grandes cosas. Yo asemejo mucho este punto con algunas personas que se creen merecedoras de los maltratos de sus pareja, están seguras de que al final de estos maltratos, van a lograr conseguir la felicidad plena. Sus creencias les aseguran que lo que es difícil valdrá la pena o que deben de sufrir para luego ser felices, pero están más que equivocadas. No deben confundir lo difícil con sufrir por culpa de insultos y maltratos de otros; lo difícil dependerá de tu **fe** y de tu manera de asumir los retos de la vida. Lo que es difícil para ti, para otra persona con fe será un simple aprendizaje, es cuestión de perspectivas. Los insultos y maltratos son una realidad global que no necesitas que alguien te los haga vivir. Si tienes un verdadero amor propio, entenderás las diferencias, pero es lamentable que personas vulnerables crezcan con una información errónea, convencidos de que para lograr el éxito necesitan obligatoriamente ser humillados. Esto es una mentira que tienen que sacar de sus creencias de manera inmediata. Nunca olvides que lo que sale de la boca de alguien, así sea de tu propio ídolo, es una simple verdad de sus vivencias y creencias, por lo que no tendrá nada que ver contigo.

Una vez estuve en una clase de actuación en la que el director de casting dijo delante de todos, que mi casting había sido un verdadero asco, sin ni siquiera conocerme. Fue su opinión sin conciencia la que no tenía ni idea de mis pasadas circunstancias, no tomó en cuenta los esfuerzos que yo había hecho para hacer realidad que pudiera tener la oportunidad de estar ahí parado. Para mi entendimiento, el simple hecho de pararme y hacerlo ya era ganancia, pero él simplemente expulsó veneno por su boca, quizás porque sus creencias le dictaban que era necesario para que yo me esforzara y lo hiciera mejor la próxima vez. Ahora bien, mi pregunta para ustedes es: ¿De verdad piensan que una persona necesite esas palabras para mejorar? ¿Creen que eso puede hacer surgir a alguien o crearle la confianza necesaria para tener la oportunidad de alcanzar el éxito? Muchos, hoy en día, creen ciegamente en la teoría de que éstas palabras venenosas son necesarias para no olvidar nunca el aprendizaje, aprendizaje que nunca me explicó. Decir que mi presentación hacia sido un asco, no tenía en ninguna de sus letras algo que me hiciera mejorar; de hecho, lo que dijo, estaba diseñado únicamente para hundirme más en mis dudas y temores.

La única realidad es que un buen porcentaje de las personas que llegan a ser exitosas aun con los insultos y humillaciones que otros les hacen, van a tratar de igual manera a sus aprendices, lo que formará un mal concepto en la humanidad y se volverá un círculo de insultos innecesarios para alcanzar el éxito. Esto también creará un miedo incontrolable en las personas, miedo a volver escuchar eso que tanto dolor les causó. Se volvería todo tan pesado, que volverlo agradable sería casi imposible.

Actualmente, ir a un casting es como sentir que vamos directo a ser degollados (solo los actores entenderán), pero no es necesariamente por el miedo a no obtener el trabajo, ya que eso no afectaría en lo absoluto si algunas simples palabras de aliento fueran dadas por estos supuestos jefes. Si expulsaran por sus bocas verdaderos aprendizajes positivos a todos los actores, el miedo desaparecería en un gran porcentaje y los actores volverían al siguiente casting mucho más recargados, con más energía y confianza, lo que les daría un 90% de probabilidades de conseguir el trabajo. Lamentablemente, estos incompetentes jefes han creado tanto miedo en nosotros, que muchos actores creen, inconscientemente, que ese miedo que tienen es por obtener el papel, cuando la única verdad es el mal ambiente que han vivido.

Pocos alcanzan un éxito auténtico, lleno de felicidad y gratitud plena; otros solo logran éxitos falsos que suceden cuando su motivación es impulsada por la ira, rabia y esas ganas de callarle la boca a las personas que tanto les dijeron que no lo lograrían. Aquí entra un detalle del que se debe tener mucho cuidado y entender otra de las razones del porqué los maltratos de estos ídolos podrían traer consecuencias inadecuadas, ya que quizás los éxitos que sus seguidores logren alcanzar, no serán lo que de verdad querían, sino que fueron víctimas de comentarios de imposibilidad y humillación. Lo lograron, pero con un solo propósito, el de demostrar que sí podían; resulta que al lograr algo aparentemente grande para sus vidas, se dieron cuenta de que estaban infelizmente vacíos, incluso, mucho más que cuando estaban en el proceso de conseguirlo. El problema es que no son conscientes ni le dieron un verdadero sentido a sus vidas. Es necesario comenzar a quitarle importancia y valor a lo que sus ídolos les digan, empezar a escuchar a sus corazones, seguir a personas con una luz auténtica, porque de lo contrario, no existirá la manera de que puedan ser felices con sus metas cumplidas.

Muchos no logran entender por qué son tan exitosamente reconocidos, con puestos de trabajo deseados por todos, respetados y monetariamente bien posicionados, pero no encuentran la manera de conseguir uno de los puestos más importantes en sus vidas: la felicidad plena.

Una de las respuestas podría ser conseguida cuando se detengan por un minuto y se regalen la oportunidad de preguntarse conscientemente, si están haciendo actualmente lo que verdaderamente desean hacer por el resto de sus días. Si dudan, tan siquiera tres segundos en responderse, entonces tienen en sus manos la respuesta del porqué esa escasez de felicidad. Esto quiere decir que están en un éxito totalmente equivocado o ajeno al suyo.

Cada persona tiene su éxito, yo no soy nadie para tener acceso de saberlo, pero sí soy alguien que te dirá que debes buscar tu verdadero objetivo; el dinero vendrá cuando hagas con amor y pasión tu tarea. Mi éxito es ayudar a miles de personas para que consigan los suyos, ahora pregúntate cuál es el tuyo.

Hay dos tipos de exitosos con los que podrías toparte en tu camino al éxito, debes de tener consciencia de ellos para que sepas diferenciarlos y no te veas perjudicado ni confundido: jefes y lideres:

1. Jefes: Pedantes, vacíos, infelices, los motiva su ego, sus intenciones no son ayudar sino que lo quieren todo, tienen temor de ser superados por sus aprendices, sin entender que solo los perdedores dan cada paso pensando en quién está de primero y quién de último.

2. Líderes: Sabios, comprensivos, felices, llenos de amor propio, sienten agradecimiento por sus seguidores, se mueven junto con ellos, no mandan porque no les interesa quién llegue primero, les importa únicamente que cada persona logre el más grande de sus éxitos.

La importancia del porqué debes de saber diferenciar a qué tipo de personas eliges como ídolo, es porque tu elección será decisiva a la hora de creer en tus talentos y habilidades para sacarle el mayor de los provechos. Si no haces una buena elección, ni siquiera llegarás a saber ni mucho menos confiar en que las tienes, aunque yo sí te aseguro que tienes dones. Si tu elección es seguir a un simple jefe, te juzgaré por tu capacidad de volar, lo que quiere decir que tus habilidades no podrán ser explotadas; de hecho, te hará sentir vergüenza de ellas. Pero si sigues a un líder, él te hará que te enfoques únicamente en tus capacidades, con lo que lograrás usar tus alas para volar hacia el mayor de tus deseos.

Tú que eres un aprendiz y estás leyendo esto, quiero decirte que tu talento es impresionante, tienes que creértelo y sentirlo. Yo creo en ti y te digo desde cada parte de mi conciencia, que si no eres elegido en una entrevista, casting o lo que sea por lo que estés intentando obtener una oportunidad, ¡vete!, sigue preparándote y no te tomes nada personal, porque tu momento llegará y llegará en grande, mucho más grande de lo que llegas a imaginar.

Tú, que eres jefe y estás leyendo esto, te digo desde lo más profundo de mi conciencia que no necesitas insultar a nadie. Si no quieres contratar, pues no lo hagas, pero cuida tus palabras porque tienen el poder de destruir a personas que sí tienen ganas de ser líderes. Ten cuidado porque el karma es más que puntual y trabaja en complicidad con Dios y con el universo para que seas tú el que, en algún momento, necesite de esa persona a la que podrías destruir.

Tú, que eres un líder y estás leyendo esto, te digo desde lo más profundo de mi conciencia, que siempre tendrás un espacio en el corazón de tu Dios personal. Tu manera de tratar y ayudar a todo aquel que no tiene nada para ofrecerte, es lo que te dará la llave del universo. Quizás no tengas el mismo nivel monetario que tiene un jefe a su disposición, pero lo que sí te aseguro es que entrarás en el reino de la autenticidad, porque para ser parte de él no es necesario el dinero, dado que no tiene el valor necesario. Lo único que logra que puedas ser parte de ese reino, es la energía de felicidad que tu espíritu te hace sentir cuando le das importancia, oportunidad, igualdad y amor a todo aquel que a tu vida llega.

Volviendo a mi experiencia, cuando ese director dijo que mi casting había sido un asco, causó en mí mucha alegría, no me causó ni un mínimo sentimiento de frustración porque tengo la consciencia de saber y entender que lo que salió de su boca no fueron mas que sus verdades, no las mías, así que yo le dije: ''No te sientas superior por todo lo que me dices, yo estoy aquí no para que me digas lo mal actor que soy, yo estoy aquí para demostrarle a usted lo mal director que es y que sus palabras solo son las ganas que tiene de hacer sentir a los demás lo mismo que le hicieron sentir a usted. Así que su título no vale nada, aquí usted es el director que todos admiran y respetan, pero cuando llegue a su casa, se quite la ropa y piense en su día, no será mas que un simple ser humano espiritualmente oscuro, pero a diferencia suya, mi espíritu sí está feliz y lleno de luz.

El director ese día me sacó sin respuesta alguna, solo me dijo ''¡fuera!''. Él estaba totalmente desesperado en su silencio, pero yo estaba sumamente feliz y tranquilo, ya que mis palabras le dieron en lo más profundo de su ego. Él no aceptaba ni entendía cómo un supuesto don nadie como yo, terminó diciéndole en su cara verdades que él nunca logró superar ni mucho menos aceptar y que nunca nadie se había atrevido a decirle. Días después me llamó, dejándome saber que mis palabras habían logrado encender algo dentro de su conciencia. Me dijo que como era posible que yo lograra ver ese demonio que a él tanto lo perturbaba cada noche, pidió una cita conmigo, ya que necesitaba de mis palabras para encontrar su verdadero destino, porque se sentía vacío y solo. Entonces, yo le pregunté: "¿Cómo una persona tan exitosa y con todos a su disposición, es capaz de sentirse de la manera que se está sintiendo? Yo mismo le respondí sin dejar que él me diera la respuesta, ya que entiendo que respondería su ego y no él: "Por la misma razón que lo impulsó a lograr el éxito que hoy en día tiene, éxito impulsado gracias a los insultos y humillaciones de otros. Él simplemente guardó silencio y lloró. En medio de sus lágrimas me dio las **gracias**.

Les cuento esto porque es necesario que entiendan que esas personas que tanto admiran no son perfectas, no son dioses y no tienes por qué aceptar que te hablen de mala manera, tienes que exigirles respeto y dejarles saber que tú estás dispuesto a aceptar críticas constructivas, pero no críticas destructivas; tú quieres aprender sin ser humillado. Estos ídolos no viven esa vida perfecta que crees, en sus casas no son nadie porque en el fondo así se sienten. Quiero que tú que estás leyendo, te convenzas de que a la única persona a la que debes admirar día a día es a ti mismo, a más nadie.

Tu mundo comenzará a cambiar cuando tomes conciencia y dejes de hacerle a los demás lo malo que hicieron contigo. Este un problema muy grave en todos los seres humanos porque repiten lo malo, pero no lo bueno. La venganza solo atrae malas consecuencias. ¿Te negaron una oportunidad? Tal vez esa persona volverá en algún momento para pedirte eso que en su momento te negó, y la mejor forma de enseñarle tu autenticidad para romper ese círculo negativamente vengativo, será dándole tú la oportunidad. Si en el futuro ves que esa persona sigue siendo la misma mal agradecida, no te preocupes, el universo se encargará de darle lo que se merece. Hazte un gran favor y no te llenes de venganza ni de pensamientos negativos porque atraerás eso a tu vida, no permitas que las maldades de otros afecten tu oportunidad de dormir en paz cuando sabes conscientemente que hiciste lo mejor para darle luz a sus vidas oscuras.

Lo que pienses y sientas vendrá a ti, solo ten fe en que ya está cerca, trabaja en tu talento y si crees que no lo tienes, que tu esfuerzo, tu constancia y nunca rendirte sea tu gran don. Nunca te intimides y no dejes que nadie te haga dudar. Todos los que estamos en constante agradecimiento con lo que tenemos, todos los que somos positivos y todos los que nos sentimos felices de ayudar a los demás, más temprano que tarde nos llegará el mejor de los éxitos.

Mi consejo para ti es:

Quizás Dios ponga en tu camino a personas despreciables, pero no precisamente para que cambies tu auténtica naturaleza, sino para que conozcas un vivo ejemplo de cómo nunca tienes que llegar a ser.

Gracias mi Dios por este día
que me acabas de regalar,
es lo único que necesito.

El día a día

Ese milagro que tanto esperas es lo que vives día a día.

Cada segundo que Dios y el universo te regalan, pero que no logras ver claramente debido al hambre que tienes por obtener más y más sin tener un gramo de gratitud, es el milagro que esperas. Pero no te sientas mal, no es tu culpa, es lo que el sistema ha creado: una gran necesidad para que olvides lo que tienes y obligarte a luchar por obtener lo que quizás no sea absolutamente necesario.

Esto te ciega de la verdad porque es muy difícil que en este día a día tan movido que tienen las personas actualmente, se regalen tan siquiera un minuto de su acelerado tiempo para imaginarse ¿qué pasaría si esa agua que sale de sus regaderas a su antojo, llegase a ser racionada? El mundo se convertiría automáticamente en una búsqueda constante de compra y venta de agua a precios que solamente con un milagro podrían ser pagadas. Con esto no se quiere decir que no tengan la visión de obtener cosas materiales, pero es importante entender que las cosas más valiosas de la vida no pueden ser compradas porque ya las tienes a tu disposición y antojo, naciste con ellas aunque no las veas. Cuando entiendas esto y lo valores, las demás cosas materiales por las que luchas, serán un simple complemento no necesario, lo que significa que vivirás con ellas entendiendo que el día que las pierdas, no acabarás con tu vida por intentar volverlas a obtener.

Para lograr una vida despegada de lo material, primero tienes que aprender a desnudar tu alma, tu mente y tu espíritu, amándote tal y como eres. Cuando aprendas conscientemente a valorar lo que dentro de ti llevas, entenderás que todo lo externo es extra, incluyendo tu cuerpo, por lo que este también entrará en el rango de lo material no absolutamente necesario, ya que tampoco tendrá ningún tipo de valor ni sentido si no intentas conocer tu verdadero yo interno y entiendas que requiere de un trabajo constante. Conocerse a uno mismo nunca acaba, pero si logras ver y admirar de los ojos hacia adentro el ser maravilloso que eres, tendrás una grandiosa motivación que te regalará la oportunidad de valorar también todo lo que hay de los ojos hacia afuera. De lo contrario, vivirás sin sentir el verdadero valor que tiene un simple vaso de agua.

Muchas personas logran vivir de esta manera, de modo que hay ricos que logran verse, conocerse y valorarse internamente; por esta razón, no necesitan mostrar todo lo externo que tienen a su disposición y antojo. También existen otro tipo de ricos que muestran las pocas o muchas cosas materiales que han logrado, con el único fin de intentar que los demás los valoren; valor que ellos no tienen por sí mismos. Incluso, se pueden llegar a endeudar con tal de intentar impresionar, sin entender que solo impresionarán a un prototipo de personas igual de vacías que ellos.

¿Adivina qué? Tengo para ti una gran sorpresa: Ahora que estás leyendo esto, quiere decir que eres consciente de todo lo que has tenido, tienes y tendrás a tu disposición de modo interno, para usar todo lo externo de manera positiva. Pero no con el fin de impresionar, sino para obtener aprendizajes que ayuden a cambiar y mejorar vidas.

Estás a tiempo de entender que no necesitarás ni siquiera tu cuerpo para impresionar, porque la persona que de ti se enamore por medio de lo externo, el día que no lo tengas o que tu físico envejezca, entonces te reemplazará.

Mi consejo para ti es...

Regálate un ejercicio cada mañana de tu día a día: cuando despiertes y ya seas consciente, vuelve a cerrar los ojos e intenta sentir los latidos de tu corazón, piensa cuál es el impulso que le da ese constante movimiento. Convéncete, por encima de todas las explicaciones científicas, de que lo espiritual siempre será la única razón que le dará vida a tu cuerpo porque es tu esencia. Entiende que tu cuerpo sin esa energía espiritual, no tendría manera ni siquiera de poder moverse y no lograrías nada en este mundo, tampoco le encontrarías el valor que tiene cada mínimo detalle de tu día, detalles que son los que formarán una cadena de circunstancias necesarias para lograr convertirte en un ser humano auténtico.

Nunca bajes tu precio
por alguien que no está dispuesto
a pagar tu alto valor.

Ferrari

La autenticidad conlleva un alto valor que muchas personas no estarán dispuestas a pagar, de modo que se verán obligados a conformarse con lo comercial.

Las personas comúnmente negativas, siempre buscarán la manera de criticar lo que no logran tener. Con esto, intento decir que si le dices a una persona X que deseas un Ferrari, quizás su respuesta sea que esos autos son demasiado costosos para lo incomodo que son, cerrándose ellos mismos de manera inmediata, a la posibilidad de obtener grandes logros y, sobretodo, de entender los aprendizaje que estos conllevan.

Ahora, la gran pregunta es: ¿Quién dijo que el camino al éxito es cómodo? Es una realidad que es bastante incómodo, pero valdrá la pena. Esos comentarios negativos también podrían influir de manera inconsciente en tu fe de querer tenerlo. Aunque comprar un Ferrari no es un logro absolutamente necesario, sí lo es el valor que el auténtico resultado final tendrá a la vista de cualquiera, sin necesidad de aparentar ser algo. Ese trabajo interno, automáticamente le dará el precio a lo externo. Para explicarlo de una manera más entendible, en mi caso personal soy fanático de los carros de lujo, pero no porque me interese lucirlos ante nadie, sino que sabiamente entiendo que al sentarme en ellos y simplemente observarlos, merecen la más grande admiración posible, debido a la importancia que el dueño les ha dado con el transcurso de los años a cada detalle, logrando crear una cadena que está cerca de alcanzar la perfección. Miles de millones de circunstancias se han reparado constantemente sin ser olvidadas, para que cada pieza esté en la frecuencia correcta.

Diariamente, las personas juzgan los resultados, sin entender que todo conlleva una historia. Muchas veces, esto también sucede gracias a que quienes son juzgados contribuyen a que eso suceda, ya que quieren venderse como auténticos cuando internamente no han construido nada y, sin darse cuenta, lo proyectan automáticamente en el exterior, que a simple vista también se ve. Este tipo de personas debería de cambiar su manera de intentar que otros los vean y desarrollar esa circunstancia mágica que logra callar millones de bocas sin necesidad de presumir: los resultados obtenidos, pero de manera silenciosa. Resultados en los que únicamente te debes demostrar a ti mismo que sí puedes. Sin embargo, también es real que hagas lo que hagas, las personas arrojarán veneno para intentar quitarle valor a tu éxito, pero ese veneno no logrará tan siquiera tocarte ni afectara tu valor ante los ojos de nadie, ya que internamente tendrás un imperio que impedirá derrumbar lo externo.

Muchas personas desean una vida perfecta, una pareja perfecta, un trabajo perfecto y un resultado diferente al de la mayoría, cuando la verdad es que no han intentado tan siquiera lograr ser como un Ferrari. Esto quiere decir que el error que hoy corrigen, quizás mañana lo olvidan; por lo tanto, habrá piezas que no concuerdan, actitudes que no tienen coherencia alguna con lo que sus bocas piden o con lo que su mente logra imaginar. Como no tienen consciencia de eso, siempre estarán inconformes con los resultados, ya que será imposible seguir construyendo esa tan importante cadena de circunstancias absolutamente necesarias.

Cuando te logres valorar y te des la misma importancia que los dueños de autos de lujo le dan a sus obras maestras, entendiendo siempre que el punto de partida se encuentra dentro de ti, tu cuerpo podrá arrojar destellos de energía que, aunque no logren verse, dejarán paralizado a todo aquél que se acerque a tu obra de arte: tu cuerpo, un cuerpo comandado por un gran imperio interior.

Los autos comentados anteriormente, no tendrían ningún tipo de valor externo, si sus creadores no le hubiesen dado internamente el respeto necesario. Para traducirlo a una mínima situación en la vida real, he de decir que si no te respetas tú mismo, entonces no exijas que esa pareja a la que llamas tóxica diariamente, lo haga, porque la única verdad es que el tóxico serás tú.

Estos autos tampoco necesitan comerciales de televisión para que los promocionen, la marca habla por sí sola. Esta historia es parecida al capítulo anterior (El día a día), en el que expliqué que hay personas que quieren lucir lo poco o lo mucho que tienen para intentar que los demás los valoren. Esto es porque lo único que pueden ofrecerle al público es lo material, material que no brillará de la misma manera, dado que ese tan importante imperio interno ni siquiera ha comenzado su construcción; el día que les falte lo material, no valdrán nada. Esa será la razón por la que siempre necesitarán comercializarse contantemente con falsas propagandas.

También hay personas que al igual que un Ferrari, si han trabajo su interior durante años, esperaran muy tranquilamente a que alguien sea capaz de pagar su alto valor y no aceptarán menos de lo que están seguros que valen. Esto quiere decir que tú que estás leyendo esto, si logras tan siquiera parecerte a un Ferrari, entenderás que el día que lo logres, no deberás aceptar ofertas de personas que no tengan la intención de valorar y admirar tu alto precio; no debes de venderte al peor postor con tal de no estar en soledad. La soledad es una oportunidad para la construcción de uno mismo, así que mantente de esa manera hasta que llegue un comprador que te ame de verdad. Verás que cuando llegue, él entenderá muy sabiamente que tu valor se mantendrá firme, por lo que no se atreverá a ofrecer menos, ya que automáticamente su oferta será declinada.

Ahora viene un punto en el que no debes de tener confusión: la mayoría del tiempo estarás en soledad. Es verdad que siempre habrá personas que se querrán acercar, pero la realidad es que tu imperio interno, automáticamente habrá creado una gran seguridad exterior, lo que quiere decir que se habrá formado un gran filtro para intentar que nadie se atreva a acercarte a ti. No te sientas mal, esto quiere decir que vas muy bien y que los pocos que sí logren pasar ese filtro o ese anillo de seguridad, serán personas valiosas, no compradores negativamente destructivos.

Mi consejo para ti es:

En cualquier ámbito de tu vida, bien sea el amoroso, familiar, laboral, sentimental, emocional o cualquiera que tu elijas, si no construyes de manera constante un gran valor interno, siempre llamarás la atención únicamente de personas que no te van a valorar. Tienes que darte tu puesto y exigir lo que mereces, lo que tus esfuerzos merecen, pero si tú no lo haces, entonces nadie querrá pagar el precio que en realidad deseas tener y deberás conformarte con ofertas mediocres. Ahora ya entiendes que tener un Ferrari no es absolutamente necesario, pero sí el aprendizaje que hay entre líneas. Recuerda que lo que estés dispuesto a entender, es lo que te transformará.

Dependencia

La importancia de no darle todo el valor, emoción y energía únicamente a lo material en sí, sino a las enseñanzas que estos conllevan entre líneas, bien sea a la hora de obtenerlos o a la hora de perderlos, tomando en cuenta que las pérdidas también son ganancias, es que la felicidad no dependerá únicamente de ellos, sino de la mejora que han causado en tu vida y la inspiración que te hacen sentir para seguir escalando.

Aquí es cuando entra un importante aspecto que debe ser controlado muy conscientemente: no solamente la humanidad es dependiente de lo material, sino de que un 98% de cada una de sus circunstancias diarias dependan mentalmente de algo o de alguien, lo que vuelve sus vidas una esclavitud. La libertad no estará presente, jamás vivirá porque no solamente dependen de la pareja para ser felices, del trabajo actual para nunca salir de la zona de confort, del café por la mañana para seguir con su día, de las motivadoras palabras de otros para lograr creer en sus sueños o de las decisiones de los demás para tomar las propias, sino de todo lo que a su alrededor esté. Dependen con el único fin de obtener, sin entender que se están alejando más.

La dependencia va más allá, porque tu felicidad no es la única que estará en juego, sino todos y cada uno de tus movimientos y micro decisiones que al ser unidas, te permitirán lograr ese tan importante primer paso que te abrirá la puerta de las oportunidades para iniciar eso que tanto has deseado, ya sea un negocio, un cambio de trabajo, una mudanza, un grandioso viaje y todo lo que tu mente imagine.

Primero que todo, debes de aceptar que eres dependiente, luego de esta tan importante aceptación, debes de mantener siempre tu consciencia encendida para que te recuerde dónde y cuándo debes desprenderte de las ataduras mentales que te están evitando avanzar. Haz una prueba e invierte solamente un día de tu vida con el único fin de convencerte de que nada te pasará si comienzas a tratar de depender única y exclusivamente del oxigeno que respiras, de ti y de tu conciencia. Prueba en carne viva qué pasaría sino te dejas llevar por esa tan llamativa necesidad de estar en las redes sociales, viendo cómo la vida falsa de los demás están influyendo de manera negativa en tu vida real; prueba qué pasaría si te desprendieras del celular por tan solo un día. En este punto nos quedaremos un rato, ya que es el causante de una de las mayores enfermedades que está consumiendo la vida humana.

Las mayoría de las personas están convencidas de que las drogas y su mal uso son el vicio más destructor que un ser humano puede llegar a tener. Por un lado tienen razón; pero por otro, si sabiamente se detienen un minuto e intentan ver el mundo desde arriba, observarán que el 99% de las personas consumen una de las peores drogas que evitan sentir, desarrollar, pensar, conocer, admirar, entender, socializar y ver todo lo que existe en su universo. Esta droga tan peligrosa es conocida como teléfonos móviles y es sumamente tóxica para la vida humana, puesto que es usada de manera inconsciente. Muy pocos conocen lo que hay detrás de esta tecnología. El teléfono móvil, al ser aceptado como un aparato aparentemente necesario, consume cada circunstancia de la vida de una persona, lo que evita darle un uso adecuado, pues limita el movimiento y entrenamiento de la propia memoria, sin nombrar las complicaciones que estos aparatos causan para la salud humana.

Este aparato resuelve muchos de los problemas de comunicación que tienen las personas, en la mayoría de los casos; sin embargo, les causará un pánico desmedido cuando revisen sus bolsos y se den cuenta de que lo han perdido. Estarán tan solos que sentirán lo mismo que un niño de nueve años siente cuando pierde a su mamá en medio del parque. Ahora bien, se preguntarán cómo es posible que un simple aparato cause tanto pánico en una persona adulta, que debería poder sobrevivir sin él. Todo se resume en una simple palabra: dependencia.

Muchos se preguntan por qué los seres humanos no logran utilizar sus mentes a un gran porcentaje. La respuesta es que estos aparatos, aunque los creadores dicen que son necesarios para el desarrollo de las mentes (palabras que usan en su defensa y conveniencia), han sido, son y serán siempre una completa mentira. Sus creadores solo utilizan técnicas de venta para enriquecerse y seguir manteniendo a las personas controladas. Primero evitarán que los usuarios sean conscientes de las capacidades que su mente puede darles o, en su defecto, evitar su gran desarrollo. Estos creadores saben exactamente la ubicación de cada persona, son dueños de tu vida, tienen acceso directo a tu privacidad y a la de cada uno de sus consumidores. Todo lo que tú decidas guardar dentro de estos aparatos, les estará dando poder sobre ti; ante la posibilidad de perderlos o sufrir algún robo de información, acabarán de manera instantánea con tu paz mental, descontrolando toda tu vida. Ahora pregúntate si realmente eres libre… creo que no.

Tanto es la dependencia que estos celulares han creado en las personas, que están dejando de sentir los momentos más bellos de sus vidas por estar pegados a él. Dejan pasar estos momentos dándoles la fuerza necesaria para que estos aparatos puedan cumplir con su única y verdadera función: evitar tu libertad. Hazte un favor y **vive,** porque esos instantes mágicos no volverán a ocurrir. No hay problema en querer almacenar lo vivido, el único problema es la desesperada dependencia por querer grabar todo lo que hacen, lo que no y lo que inventan, con el único fin de subirlos a las redes sociales. Pero esto va de la mano con la necesidad de que otros vean tu supuesta fabulosa vida, en lugar de darle importancia a los momentos que Dios y el universo les regalan. Aunque las personas no lo perciban conscientemente, la verdad es que esto es una grave enfermedad.

Las extraordinarias vivencias deben ser vistas con los ojos para poder sentirlas en el corazón, no pierdan el tiempo en querer almacenarlas en ninguna otra parte donde cualquiera pueda tener acceso. Se entiende que los teléfonos móviles son necesarios para mantener una comunicación en caso de emergencia, también queda claro que hay aplicaciones constructivas que merecen crédito, pero controlen su uso y no le den más importancia de la que se merece.

Acabo de nombrar una de las peores enfermedades en la humanidad, pero existe otra mucho peor y más letal, ya que es producida por el mismo ser humano, sin ni siquiera enterarse; esta enfermedad es la que le da vida a todas y a cada una de las dependencias en la que una persona puede llegar a sentirse atrapada: **Juegos mentales no percibidos conscientemente.** Esto quiere decir que si no entiendes que todo lo que causa una dependencia, bien sea a un aparato o a una persona, proviene únicamente de tus miedos y quizás por la soledad, nunca vivirás en paz ni aceptarás los daños que en ti pueden llegar a causar. El miedo a estar solo o sentir terror por hacer cambios en tu vida, siempre te obligará a depender de esa tóxica pareja o de ese trabajo del que tanto te quejas. Esto, automáticamente, es una dependencia no percibida; no es percibida porque dentro de ti hay miles de pensamientos que están a favor de lo que tanto daño te hace, por lo que se te hará imposible lograr ver que estás siendo dependiente y no libre.

El temor de dedicarle tiempo a tu vida, te volverá dependiente y sentirás la necesidad de estar metiéndote en la vida de los demás. Esto sucederá con cada situación, por lo que debes estar muy al pendiente para poder captarlas.

Ese gran temor también es el que causará que te aferres a algún producto, convirtiéndolo en vicio; mismo producto que incluso, podrías leer en su portada que hay probabilidades morir si lo consumes, sin embargo de todas manera lo harás.

Esos juegos mentales son tan astutos que te harán sentir en confianza, dejándote creer que nada pasará y que estás en tu derecho de disfrutar del momento, pero del otro lado de la verdad, lo único que estás logrando es acabar con tu vida. Todo lo que tu mente te haga creer que es necesario, automáticamente se volverá una dependencia en tu vida, y ese es el peor de los vicios; es decir, el de no entender los juegos mentales que tus pensamientos tienen, ya que estos causarán que no logres ver con claridad la verdad, por lo que tu única realidad estará controlada por tus dependencias y no por tu conciencia.

Todas estas cadenas de circunstancias no absolutamente necesarias, producidas por los pensamientos y aceptadas por la mente de personas inconscientes, son la que me han llevado a creer en una de las verdades más certeras: el ser humano es la única especie que a pesar de saber y entender los peligros por los que puede llegar a correr en determinadas situaciones, de todas manera las hace; de tal forma, puede llegar a perder hasta la vida, pero si sobrevive, vuelve y lo intenta. Esto no es valentía, esto es miedo, miedo a vivir, porque la valentía no tiene nada que ver con el hecho de atentar con tu preciada vida. Muchas personas subestiman la inteligencia animal, no comprenden ni aceptan que tienen una sabiduría admirable. Uno de los ejemplos que demuestra implacablemente la razón por la que nos sobrepasan en inteligencia, es que ellos valoran sus vidas mucho más de lo que un ser humano valora la suya. Con esto, intento explicar que un animal correrá peligro una sola vez; pero si sobrevive, está más que asegurado que aprenderá la lección y no volverá a cometer ese gran error que casi acaba con su vida. Lo más admirable de ellos es que nadie les avisó que podrían correr peligro, sino que simplemente aprenden gracias a la manera en la que sus instintos reaccionan ante una mala circunstancia. Esto quiere decir que si tuviesen la oportunidad de saber los peligros por los que podrían pasar, indiscutiblemente no harían algo que les dañara.

En cambio, nosotros, los seres humanos, corremos riesgos una y otra vez de manera consecutiva, riesgos que en muchos casos son completamente innecesarios y que podrían ser evitados, ya que sabemos las consecuencias. Pero es más fácil culpar a Dios o a otras personas por no habernos ayudado, que sumir que esa ayuda se encontraba en las advertencias que ignoramos.

Los verdaderos animales somos nosotros, dado que actuamos sin importar las consecuencias. He escuchado en muchas ocasiones que las personas dicen que de algo se tienen que morir. Este pensamiento los hace actuar enloquecidamente, puesto que esa frase no tiene nada de inteligente. Una persona sabia entiende, entre líneas, que es claro que morirá, pero antes de eso vivirá. Para explicarlo mejor, quiero decir que si vas a vivir una vida arriesgada por el simple hecho de que morirás, debes saber que ese pensamiento es directamente proporcional a dejar de bañarte porque algún día te ensuciarás, o lo que es lo mismo ¿para qué enamorarte, si algún día se irá el amor? ¿Para qué comer, si de todas formas volverás a tener hambre? Así reiteradamente con cada circunstancia de la vida, sin darte cuenta que, una vez más, estás siendo dependiente de los juegos mentales.

Morir no es malo, malo es cuando las personas tienen miedo de vivir. Esta es la única razón por la que caen en los juegos del vicio: para acelerar su muerte de manera inconsciente, intentando demostrar valentía delante de otros. Esto también sucede con las personas que tienen miedo a mejorar sus vidas, ya que se esconden detrás de estos pensamientos negativos que defienden; estos pensamientos con miles de excusas, tienen como fin apoyar sus más grandes temores. La mayoría de las personas que están en el vicio del alcohol o de las drogas, suelen ser muy talentosas; desafortunadamente, su talento se percibe como si fuera del mismo tamaño que la confianza que tienen en ellos mismos, por lo que la única manera que encuentran de evadir ese demonio de inseguridad que los persigue, es escondiéndose detrás de estos dañinos productos. Dependen de ellos sin entender que son los mismos que evitan que logren un éxito duradero.

Es una realidad que existen personas que son exitosas y necesitan usar ciertos productos para explotar sus más grandes talentos, pero todo será momentáneo porque en ante determinadas circunstancias de la vida, necesitarán más y más refuerzos; será en ese momento cuando acabarán con lo antes construido.

Las personas que suelen apoyarse en algún tipo de producto que manipule sus sentidos con el único fin de florecer su talento, podrían ser las mismas que conviertan esos productos en vicios no controlados. No serán controlados porque su mente les hará creer que pueden manejarlo, pero la única realidad es que quizás no sea así, ya que podrían volverse dependientes, causando que en cada situación por resolver de su día a día, usarán dichos productos. No obstante, el día que estos productos no estén para defenderlos, su humor cambiará, sus pensamientos cambiarán y su manera de ver la vida no será la más consciente, hasta que poco a poco las personas a su alrededor comiencen a alejarse, como consecuencia de las reacciones no controladas que este tipo de persona suelen tener. Sus alegrías y buenos tratos hacia los demás dependerán únicamente de lo que estos producto causa en ellos. También tendrán reacciones en las culparán a todos, creyendo que ellos son las únicas víctimas. Este es un truco más de esos juegos mentales, pero la única verdad es que en este tipo de culpabilidades mentales, los únicos y verdaderos culpables siempre serán aquellos que intenten mejorar su vida por medio de productos que alteren sus sentidos, ya que la sensación de injusticia llegará en cualquier momento; cuando llegue, deberán aceptar que van por el camino equivocado. Nunca olvides que una cosa conlleva a la otra, que siempre debes de mantener un círculo de circunstancias positivas y necesarias para lograr alcanzar la grandeza. Renuncia al círculo de circunstancias absolutamente innecesarias que evitarán tus triunfos.

Ahora que ya entiendes las consecuencias que conllevan el hecho de depender de algo o de alguien, es importante que comiences a creer en las señales que tu conciencia te dicta. Recuerda que esas señales son tus verdades resumidas y distribuidas en diferentes títulos; o sea, en diferentes circunstancias. Pero si las ignoras, tu vida dependerá siempre de los juegos mentales provenientes de tus más grandes temores. Es importante recalcar que hay temores que se encuentran en tu subconsciente porque en algún momento tú los enviaste ahí, sin antes buscarles el lado positivo. Esto quiere decir que no los percibes conscientemente, por lo que en alguna situación de tu vida, te atacarán, así que debes reconocerlos de manera inmediata y enfrentarlos. Verás como mágicamente irás acabando con esas dependencias.

Mi consejo para ti es:

Si dependes de tus pensamientos, automáticamente dependerás de los sentimientos que ellos te causen. Esto quiere decir que tus decisiones dependerán de tus estados de ánimo; por lo tanto, en algún momento no serán justas ni para ti ni para los demás, de modo que tus acciones no serán positivas porque no estarás actuando bajo las verdades de la conciencia.

Lo más cerca que pudieras llegar a estar de la perfección, lo conseguirás únicamente con práctica constante.

Ejercicio de valoración

La meditación es uno de los ejercicios más poderosos en toda la existencia de la humanidad, pero la vida de las personas es demasiado acelerada como para intentar dedicarle 20 minutos de su apreciado tiempo, a estos ejercicios de valoración.

Como bien saben, la verdadera música también influye en la vida cotidiana de las personas, por lo que es un importante medio para la práctica de la meditación. La música también inspira y ayuda a que las personas sientan amor, bien sea por una pareja, mascota o un familiar, siempre y cuando su letra llegue a tocar los sentidos.

Algunas películas también son un buen medio para llegar al corazón del televidente, ya que momentáneamente mueven algo hermoso dentro de ellos, volviéndolos conscientes aunque sea por tan solo unas horas. Al ver una buena película, quizás de un niño adorable, pero muy enfermo, aprenderán a valorar su salud. Si la película se trata sobre un protagonista que pierde a su padre, el espectador valorará más a ese padre que han estado ignorando; quizás los haga llorar por no haberlo abrazado o perdonado mientras estuvo en vida. Si la película muestra la vida difícil que llevan las familias de aldeas vulnerables, los televidentes, de manera inmediata, entenderán el mágico mundo en el que han estado viviendo de modo que lograrán valorar hasta el agua que toman.

Películas como estas hay muchas, es una realidad que mueven los sentimientos de las personas, con un dolor tan fuerte y vivo que al salir de la sala valoran todo como si hubiesen sufrido en carne propia lo que los personajes vivieron. Sin embargo, en esos momentos es cuando vuelve a aparecer la tan famosa dependencia, puesto que dependerán de este tipo de canciones o películas para encender su consciencia. Esto quiere decir que el sentimiento a fuego vivo que tienen, lamentablemente acabará, ya que no durará más de dos días. Olvidarán y seguirán siendo los mismos desagradecidos que han venido siendo.

La consciencia es igual a constancia. Esto quiere decir que no hay manera en la que se pueda vivir viendo constantemente este tipo de películas para poder mantener encendido el fuego interno de la gratitud, por lo que deberían de enfocarse más en aceptar, aplicar y recordar que la meditación es la única que sí puede ser realizada diariamente. Es indispensable crear en la vida cotidiana una serie de ejercicios que nos ayuden siempre a estar en **gratitud** con la vida, con el universo y con Dios; es necesario que se formen hábitos, si es que en realidad se desea obtener todo lo que el universo tiene para nosotros.

El ejercicio que yo creé para mi vida, convirtiéndolo en un hábito tan indispensable como respirar, comienza al momento de bañarme, bajo la ducha, con el agua cayendo sobre mis ojos, tapo mis oídos con mis manos y siento el agua caer sobre mí, luego ubico mi vida en presente, saco mis manos de los oídos y comienzo a tocar los dedos de mis pies, mis piernas, barriga, glúteos, abdomen, pecho, espalda, brazos, con una mano toco mi otra mano, luego mi cara, mi cabeza, hasta llegar de nuevo a los oídos. Siento cada parte de mi cuerpo, sé que están aquí conmigo en ese momento presente, están vivos y quieren permanecer ahí, así que no los desperdicio. Termino esa primera fase con un buen **gracias mi Dios**. Paso a una segunda etapa en la que valoro cada etapa de mi vida, mis trabajo, pareja, familia, lo que he tenido y lo que tengo, lo que no tengo lo valoro mucho más ya que entiendo que los tiempos de Dios son perfectos. Sigo con mi ejercicio y paso a valorar los tres sentidos que me dan la oportunidad de disfrutar todo lo anterior nombrado: olfato, vista y escucha. Después, vuelvo a dar un **gracias mi Dios**, manteniendo los ojos cerrados. Luego, intento sentir varios tipos de tragedia que ocurrieron en tan solo un segundo, siento que necesito ese brazo que acabo de perder, siento la necesidad de volver a ver a las personas que amo, que necesito darle un abrazo a ese ser querido que acaba de morir y por el que daría mi vida por volver a tomar un café con él. Entiendo en este presente de meditación, que mi vida se acaba de volver un verdadero caos, tanto así que tengo que ir constantemente a emergencias para tratar una enfermedad terminal, enfermedad que podría acabar con la ilusión de volver a jugar con mi mascota o de tener la oportunidad de ver a mis hijos crecer, también imagino que soy ese niño vulnerable que vive en las aldeas olvidadas por el mundo entero, niño que lo único que desea es encender la luz de su cuarto para poder terminar la tarea escolar. Una vez que por fin logré mover algo dentro de mí, de la misma forma que podría hacerlo una triste película, imagino algo casi imposible para mis pensamientos, pero no para mi fe: qué pasaría si volviera a tener todo lo que tenía antes de entrar a esa ducha, qué cambiaría en mí?, ¿qué haría distinto en mi día para atreverme a lograr lo que antes temía o decía que no era posible? Cuando siento esa gran necesidad de volver a tener todo lo que antes tenía, pero esta vez siendo consciente de ello, le pido a Dios y al Universo que me den una nueva oportunidad, les pido con toda mi alma que me perdonen por no haber visto todos esos privilegios. Finalmente, cierro los ojos y simplemente espero un aproximado de diez segundos para volver a ubicarme en el presente, toco nuevamente toda y cada una de mis partes, saco lentamente mi cabeza del agua, abro los ojos y digo una vez más "**gracias mi Dios**, por esta nueva oportunidad que me acabas de dar el día de hoy, por este nuevo milagro para lograr ese éxito que tanto deseo y, sobretodo, por hacerme entender que las cosas más valiosas de mi vida, las únicas que necesito, están aquí conmigo en el presente, están en mí, así que te prometo que las usaré y lograré mis propósitos. Me tomo el tiempo de hacer este ejercicio de forma constante, ¿usted, lector, está dispuesto a hacerlo? Si tu respuesta es sí, bienvenido al mundo de los agradecidos. Pon en práctica tu ejercicio, si logra meditar de esta manera, sentirás cada parte de tu cuerpo de una forma diferente en la que tan solo el hecho de poder ver, oler y oír, te cambiará tu día. Justo en ese momento te darás cuenta de que esa vida que tanto odiabas o de la que a veces te quejabas por cosas tan insignificantes, no es más que una de las vidas más exitosas del planeta. El éxito no siempre va de la mano con lo material, sino que puede manifestarse en salud, amor, tranquilidad espiritual y paz mental, así que aprovéchalas.

Mi consejo para ti es:

La meditación es un arma fundamental que atacará silenciosamente todo lo que te perturbe en tu vida. Crea un ejercicio personalizado que sea tuyo, sabrás que te pertenece cuando logres que funcione. Toca y siente cada parte de tu cuerpo cuando te bañes, al mismo tiempo en el que pasas el jabón para limpiarlas y sé consciente de todo lo que estás tocando. Recuerda que todo lo que dentro de ti le des importancia, causará un gran impacto en el exterior; tú decides si esos impactos son destructivos o constructivos. No seas dependiente de películas ni de días especiales para valorar a esa persona que a tu lado tienes, porque el valor radica en el día a día, no en fechas impuestas con el único fin de mover la economía. Esto quiere decir que el día del padre, de la madre o de los enamorados, no es un solo día al año, sino que son los 365 días del año, durante toda una vida. Así que ámalos porque en cualquier momento se irán.

Estar lejos

Si eres uno de los que forman parte del club que han tomado la decisión o en su defecto, han tenido la grandiosa y al mismo tiempo lamentable oportunidad de dejar su país natal, en búsqueda del futuro que tanto han proyectado en su amplia imaginación, ¡**felicidades**! porque estás siguiendo, de una forma u otra, sobre cualquier sentimiento de dolor, las señales que tu conciencia te dicta para ir en búsqueda de esa tan importante oportunidad que tristemente en sus países no tuvieron. Estas oportunidades, al momento de imaginarlas son fáciles y sencillas, pero cuando te topas con la verdad, no es tan simple. La verdad es necesaria para un gran entendimiento de valor en un futuro, pero al comienzo, vivirás una realidad momentáneamente incómoda y difícil.

El camino al éxito, salir de la zona de confort, buscar caminos diferentes e intentar abrir las puertas que tu imaginación te muestra, siempre será algo completamente incomodo. No debes frenarte por esa sensación, ya que ese es justamente su trabajo: frenarte o construirte. Tu lo decides, no importa la edad que tengas, ni lo mucho o poco que tengas para llegar a un nuevo destino, porque la sensación que causan los grandes cambios, siempre se reflejará de la misma manera. Aunque se complica aun más cuando los juegos mentales, al estar lejos de tu familia, casa, trabajo, amistades, comodidad, seguridad y todo lo que causaba en ti cierta dependencia, estarán arrojándote pensamientos que te harán sentir que será imposible lograr tus metas, ya que te encuentras solo o sola en un país que absolutamente no conoces. Con mucha certeza, podrías llegar al punto de sentir y castigarte con pensamientos y dudas como: "¿Qué hago acá? ¡Estoy perdiendo mi tiempo! ¿Qué hago lavando platos aquí si en mi país era ingeniero?, No podré con esto", y millones de pensamientos más con el único fin de quitarle valor a ese gran esfuerzo que estás haciendo. En estos casos, es la nostalgia la que está hablando por ti, intenta apoderarse de tus metas para quitarle valor a tu exitosa imaginación, te hará sentir solo, acabado, perdido y desconcertado, pero déjame decirte algo: eso quiere decir que **vas por el camino correcto** hacia lo que tanto habías imaginado y nunca debes de frenar.

Te contaré una breve historia personal, que estoy convencido de que te hará entender que frenar tu imaginación, cuando ella intenta mostrarte tu más grande éxito, creación, meta, sueño o como quieras llamarlo, podría ser una decisión fatal.

A diferencia de muchas personas que han ido en búsqueda de sus sueños, sueños que ya han tenido visualizados por mucho tiempo, quizás por años, en mi vida no fue así, ya que al momento de partir de mi país natal, lo hice prácticamente gracias a las señales que sentía con el simple hecho de sentarme bajo las estrellas y admirarlas. Era una frecuencia potente, una conexión que comenzaba por Dios, llegaba al Universo, luego a las estrellas y finalmente penetraba en mí por medio de mis ojos. Era una línea recta de comunicaciones sensoriales que al estar en mi sistema, yo seguía sin entender qué era lo que intentaba decirme, hasta que supe escuchar la voz de la conciencia por medio de mi imaginación, gracias a que codificaba toda y cada una de esas señales para que yo pudiera entender ese gran mensaje.

Mi vida estaba en Venezuela, pero a los 19 años de edad, con una maleta y 900 dólares, me fui a los Estados Unidos. En realidad no tenía ni la menor idea de para qué me fui, solo sentía que el mensaje era irme. Estaba en una buena familia, tenía amigos, trabajo, pareja... prácticamente era una vida perfecta, pero mientras vivía en Venezuela había un tipo de alegría incontrolable dentro de mí, que sobresalía cada vez que veía hacia el cielo. Ver hacia las estrellas era como tener en mis manos un *ticket* premiado de la lotería, cuando realmente no tenía nada, pero de igual manera me daba mucha paz, confianza y alegría. Era como saber que mi camino estaba allí, sin tener la menor idea de cómo iba a entrar, pero mi mente, de alguna manera, me hacía pensar en los Estados Unidos. Repito no tenía la menor idea del porqué pensaba en ese país, puesto que yo mismo me cerraba a esa posibilidad, me juraba a mí mismo que sería prácticamente imposible dejar a mi madre sola, ya que mi hermano y yo éramos su vida entera; mi padre, en esos momentos, ya estaba en el cielo, así que dejé cerrar esa posibilidad. Sin embargo, de una manera u otra, las estrellas seguían gritándome y gritándome hasta que dije: "Un momento, ¿por qué no? No tengo la menor idea del para qué en ese país, pero si es lo que está en mi mente, entonces quizás allá es a donde deba ir. Así que debo seguir **las señales** que mi conciencia me ha codificado en situaciones de alegría y paz mientras veo esas brillosas estrellas". Decidí hacerle caso a esa luz que nunca se apagaba ni aun en medio de los oscuros pensamientos de negatividad e imposibilidad y comencé a darme la oportunidad de soñar, de dejarme llevar. No dejé, por ningún motivo, que ningún otro pensamiento opacara la luz de esas estrellas, hasta que en un abrir y cerrar de ojos, llegó ese mensaje que tomó mi vida, en el que Dios le ordenó al universo mover todo lo que fuera necesario, con el fin de demostrarme que si tengo **fe** y tomo en cuenta sus señales, sobre cualquier mal sentimiento que pudiera estar controlándome, Él haría todo el trabajo que en mis manos no estuviera.

En mis manos no existía la posibilidad de irme, pero sí en mi imaginación. Dios y el universo lo hicieron realidad porque yo sin tenerlo, logré sentirlo. Ellos movieron absolutamente todo lo que estaba a mi alrededor, aunque mis familiares se pusieron en mi contra porque casi nadie estaba de acuerdo; sin embargo, nadie pudo en contra de las ordenes de Dios, Él hizo todo lo que tenía que hacer para que yo tomara esa vía hacia las estrellas; estrellas que hoy en día, después de 12 años de incomodidad, tristezas y mil situaciones más, comprendo que me gritaban que era en los Estados Unidos donde tenía que cumplir los sueños que todavía no había descubierto. Este país ha sido el designado de darme todo lo que Dios y el universo le ordenaron para mí.

¿Qué intento decir con toda esta historia? Que quizás seas una de las personas que todavía no sabe qué camino tomar, o estás convencido de que no tienes una meta o un sueño para seguir; entonces, estoy aquí, entre líneas, para dejarte saber que sí las tienes. Solo busca el mensaje oculto que tu conciencia tiene para ti, intenta ser consciente para que puedas entenderlo, ya que viene codificado en **circunstancias**. No hay momentos buenos ni malos, solo hay **aprendizajes** que jamás debes ignorar porque allí está la información que quizás no entenderás al principio, pero luego sí. No esperes a que Dios te mande una carta certificada explicándote cuál es tu destino mientras sigues sentado en un mueble, quejándote de que las oportunidades no llegan. Tienes el trabajo de crear esas oportunidades con fe y confianza para que todas esas montañas puedan ser movidas a tu favor por ordenes superiores. Así es como encontrarás el camino hacia tu éxito personal.

Mi consejo para ti es:

Si eres de los que cree no tener tan solo un gramo de posibilidad para ir en búsqueda de un mejor futuro, estés en la situación que estés, entonces eres el elegido perfecto para que seas consciente a un 100%. En tu día a día, busca y encuentra esas señales que Dios comenzará a mandarte cuando Él sienta que de corazón deseas un cambio para mejor tu vida. Confía en ellas ciegamente, siempre ten pensamientos positivos, proyéctate actuando con fe y determinación; verás cómo las montañas se moverán únicamente para que tú puedas llegar. No existirá la manera en la que alguien interfiera en tu vida para evitarlo. La distancia entre tus deseos y tú solo está en tu mente: si alimentas tus pensamientos de imposibilidad, la posibilidad no será enviada jamás.

Desprendimiento

Hay etapas en la vida en las que pareciera que todo se junta en tu contra para darte momentos o noticias inesperadamente negativas, muchas emociones de un solo golpe y ninguna será positiva. Cuando menos las deseas, llegan sin tener la menor idea de cómo reaccionar ante ellas. Ya sea que algún familiar muera, te despidan del trabajo, tu pareja te deje, un perro te muerda, choques el auto, un policía te detenga o hasta algún pájaro haga sus necesidades sobre ti. Todo esto se junta y sucede prácticamente en un período de tiempo muy corto, aunque no lo creas. Todos esos sucesos son la reacción de tus pasados miedos que has llevado dentro de ti sin que los percibas conscientemente. Tu mente en algún momento los imaginó por medio de pensamientos de temor, lo que provocó que al sentirlos, las radiaciones hayan ido directamente al universo, que justamente trabajó muy duro para enviarte esas sorpresas que alguna vez pediste. Sorpresas que el universo no tiene manera de reconocer si son buenas o malas para ti, ya que él solamente te regala lo que tanto le has pedido porque en el fondo así lo has deseado.

Esto también sucede cuando positivamente deseas y trabajas duro por tus sueños, pero por más que trabajas, no logras entender por qué no llegan cuando los pides o cuando más los necesitas. Sin embargo, cuando menos lo esperas ¡BOM! Todo llega: casa nueva, carro nuevo, una excelente pareja, tu negocio crece de manera impactante... Pero debes entender algo: todos esos regalos que tú percibes como inesperados, en realidad son una simple reacción de todo lo que has estado trabajando e imaginando durante años; no es ni suerte ni mala suerte.

Ahora bien, quizás dirás que es excelente que te lleguen sorpresas positivas porque así las has deseado, pero te preguntarás qué tiene que ver eso con que un pájaro haga sus necesidades arriba de ti, si jamás has pedido eso. La respuesta a tu posible pregunta es que tiene que ver y mucho, porque quizás en alguna o en muchas ocasiones de tu vida, después de tanto luchar, por fin llega la oportunidad de verte con esa persona que tanto te ha gustado o quizás alguna entrevista de trabajo muy importante para tu vida; ambas circunstancias son tan importantes que decidiste alquilar un maravilloso vestido o traje para conquistar e impactar indudablemente a esa persona que tanto te gusta o ganarte esa entrevista de trabajo que tanto habías soñado; tratarás de ir lo más presentable y cautivador posible, ese es tu único pensamiento. Como esas dos diferentes situaciones son tan importantes para tu vida, no querrás, en lo absoluto, que nada dañe tu impresionante vestimenta e imagen, de modo que llegarán instantáneamente pensamientos como: "Ojalá que nada arruine mi vestido". El problema es que esta idea inunda tu mente, convirtiéndose en un deseo tan excesivamente potente, que lo único que logrará es que algo suceda y se arruine ese costoso vestido. ¿Cómo sucederá? No hay manera de saberlo, puede ser un pájaro, un aguacero, alguien que arroje café arriba de ti o miles de situaciones mucho peores. Esto también sucede cuando en algún momento manejas sin licencia, pero eres consciente de que no la tienes. Entonces, automáticamente de la nada, aparecerá una cantidad de policías nunca antes visto; aunque no lo creas, es el poder de tus miedos el que los llama. A diferencia de alguna otra situación en la que de igual manera manejas sin licencia, pero eres inconsciente de que no la tienes porque se quedó arriba de la mesa de tu comedor y jamás te enteraste, por lo que estás seguro de que estás manejando con ella. Esto quiere decir que está más que asegurado que al **no tener ese miedo**, no verás ni un solo policía.

He aquí la indispensable importancia del porqué es necesario canalizar esa energía que le das a lo negativo y cambiar la frecuencia con pensamientos positivos para quitarle el protagonismo a tus miedos.

La realidad del porqué los sueños tardan más en llegar en la mayoría de las situaciones, es porque quizás no son deseados con la misma potencia ni con la misma importancia que se le da a los miedos.

No te preocupes, si eres una persona positiva y trabajas arduamente por tus sueños, te llegarán cuando Dios dé la orden. Lo que sí deberías de preocuparte es si eres de los que están convencidos de ser una persona positiva, pero la verdad sea que tu negatividad sobrepase tus creencias, porque en ese caso te sentirás confundido; esa confusión que sientes, irá directamente al universo enviándote más razones para que sigas en esa confusión de juegos mentales que no permitirán nunca que le pongas orden a tu vida.

¿No te has preguntado por qué en varias circunstancias de tu vida, te llegan noticias muy buenas que podrían volver realidad tus más anhelados sueños, pero al tenerlos cerca ¡BOM!, todo se desvanece y tu deseo se vuelve a alejar, causándote una confusión que te castiga con preguntas sin respuestas, que bajan tus ánimos en un gran porcentaje? Esto es causado gracias a que sigues enfocado en los resultados y no en el proceso. Pongamos aquí el mismo ejemplo de lo que sucede cuando manejas con miedo: tu enfoque está únicamente dirigido al miedo de no tener licencia y seas detenido por eso; por lo tanto, habrá un 90% de probabilidades de que sí te detengan. Otro ejemplo es cuando manejas un carro prestado y tu enfoque está dirigido al miedo de chocarlo, ya que no es tuyo; esto causará que lo choques. Sucede lo mismo cuando tienes tan cerca esa gran oportunidad; pueden ser diferentes circunstancias, pero tienen la misma energía y enfoque. Esto quiere decir que estás tan enfocado en que se cumpla ese deseo por el que tanto has luchado, que lo único que causarás es alejarlo porque llegarán los pensamientos de miedo; miedo a perder eso que tanto te ha costado conseguir y justo ahora que está tan cerca, no deseas perderlo por nada ni por nadie.

No obstante, debes aprender a desprenderte cuando hayas entendido que ya diste tu máximo, tu 1000% para lograr conseguirlo, que prácticamente hiciste todo lo que estaba a tu alcance (sin dañar a nadie) y que reconoces que ya no está en tus manos que esa noticia se haga realidad. Relájate, aprende a soltar, tu trabajo ya está hecho y solo Dios dará la orden; no hay nada que tú puedas hacer. Ahora, si logras desprenderte del resultado y de igual manera no se cumple, **no**

te preocupes, quiere decir que esa noticia que tanto esperabas no era tan valiosa como creías. Únicamente lo entenderás cuando inesperadamente llegue a tu vida lo que en realidad tus esfuerzos merecen.

De igual manera sucede cuando desconfías tanto en tu pareja. Quizás esa persona de verdad vale la pena, pero tus inseguridades pasadas crean situaciones imaginarias que causarán que las atraigas de forma real a tu relación, convenciéndote de que la culpable es la otra persona, cuando ella no ha venido a hacerte daño. Su presencia te está mostrando las inseguridades que ya estaban dentro de ti y que no has superado. Si no las superas, no habrá manera de que te vaya bien en ninguna relación, por lo que es indispensable que primero aprendas a estar en soledad y recargar tu amor propio. Verás que automáticamente podrás disfrutar del amor que llegará a tu vida inesperadamente.

Con las enfermedades también suele suceder lo mismo. Quizás ya tengas el temor de tener alguna, tal vez algún familiar tuyo murió por causa de algún tipo de enfermedad y hayas crecido convenciéndote de que podrías padecer de lo mismo, sumergiéndote en una guerra interna de pensamientos oscuros. Esta enfermedad, a la que le das tanto enfoque, a lo mejor ni siquiera está en tu sistema. Pongamos un ejemplo: el cáncer no llegó para hacerte la guerra, la realidad es que únicamente llegó para demostrarte las inseguridades que ya estaban dentro de ti. Aunque te parezca incoherente que un ser humano sea el causante de su propia enfermedad, es más que real.

A continuación te daré un breve ejemplo de una circunstancia completamente real, que sucedió con un conocido de la infancia. Una vez, él acudió al doctor para hacerse un chequeo general, se hizo los exámenes pertinentes y felizmente se fue a su hogar. Días después, el doctor lo llamó afirmándole que tenía cáncer y mi amigo inmediatamente comenzó a sentir los síntomas; síntomas que estaban acabando con él de manera instantánea. Se convenció a sí mismo de que el cáncer lo estaba acabando. Un mes después, el doctor lo llamó pidiéndole disculpas porque había confundido los archivos.

Sus exámenes estaban completamente sanos y no padecía de ninguna enfermedad. ¿Cómo es posible que una persona sana, comience a sentir síntomas de una enfermedad que no está en su sistema? La respuesta es que la mente es capaz de volver realidad los pensamientos que tú decidas alimentar.

Mi consejo para ti es:

Es importante dar todo lo que esté a tu alcance de la manera más positiva posible, en lugar de alimentar pensamientos de miedo, porque estarás criando a un monstruo que, en algún momento, crecerá y se reflejará en tu exterior, haciéndote el peor de los daños. Las guerras internas muchas veces están almacenadas porque seguimos alimentándolas inconscientemente. Debes quitarle importancia a todo lo negativo para que se vaya. Si eres una persona sumamente positiva, pero de igual manera una enfermedad llega a ti, lo único que estará en tus manos es tener fe en Dios y confiar en sus decisiones, ya que no habrá manera de cambiarlas. Hay decisiones divinas que son imposibles de entender, lo único que está a nuestro alcance es ***aceptarlas****; quizás en esa tan difícil aceptación se encuentre la gran salvación que estabas necesitando.*

Ingenuos

La tentación es parte del mal; existe y no hay forma de acabarla, pero sí de evitarla.

El propósito de estas escrituras es demostrarte con ejemplos reales, la importante necesidad de mantener la conciencia alerta en cada circunstancia de la vida, por más insignificante que parezca. Eso te ayudará en cualquier momento a saber diferenciar qué camino debes de tomar.

La tentación es uno de esos peligrosos caminos que las personas están **alimentando** inconscientemente, en lugar de evitarlo conscientemente. Aunque se entiende que la tentación se encuentra hasta en el aire, es importante saber que hay lugares donde se debe tener mucho más control que en otros para no cometer errores que podrían costar muy caros. Cada lugar tiene su energía y su manera de **influir** internamente en las personas para que externamente tengan acciones no comunes de las que podrían arrepentirse al siguiente día. El modo en que influyen estos lugares en ti y en tu forma de actuar, podría quitarle verdad a tu correcto pasado, afectar indudablemente tu presente, destruir tu futuro y el de la persona que esté a tu lado emocionalmente, si es que la tienes.

La mayoría de las personas prefieren enfrentarse a lo que razonablemente podrían evitar. Se enfrentan viéndolo todo como una diversión obligatoria, puesto que sus juegos mentales les hacen pensar que es absolutamente necesario liberar su estrés y regalarse un espacio que le dé un respiro a la relación. El espacio que una de las partes que conforma una relación decida elegir, definirá indiscutiblemente cuál es en realidad el verdadero interés de esa persona, ya que una persona consciente entenderá que hay lugares que de espacio no tienen absolutamente nada, como las discotecas, bares, fiestas privadas, etc. Si se le pide a la pareja un espacio en el que lo único que abundará son hombres buscando a su presa para devorarla, es más que obvio que el interés es otro, menos que el de encontrar la verdadera paz que se necesita para la relación. Estos lugares nocturnos son los caminos a la tentación que deben ser evitados y no alimentarlos, porque al frecuentarlos sin tu pareja, más temprano que tarde podría causarles un gran error.

La maldad se intentará apoderar de todo aquél que la deje entrar. Cuando no permites que se aloje en ti, intentará otros medios para que la aceptes, medios que tendrán acceso directo a ti, como podrían ser tus amistades, impulsándolas a que hagan hasta lo imposible para que caigas en la tentación. Si te sigues manteniendo lejos de ella, causará una alergia tan incontrolable en ellos, que buscarán la manera de que caigas. Tú serás su objetivo número uno; no intentes cambiarles su forma de pensar ni explicarles tus sabias razones por las que no quieres acudir a lugares que podrían causarte problemas, porque si te rebajas, ellos terminarán ganando e indiscutiblemente terminarás creyendo en sus razones para que vayas, en lugar de fortalecer las tuyas para evitarlas. Si tus llamados amigos no te apoyan en tus decisiones, entonces es una señal para que también te alejes de ellos. Tu honestidad y fidelidad podría ir en contra de sus intereses, por lo que te harán sentir como si tú fueras quien está equivocado o exagerando. Si te sientes así, intentarás encajar, pero de forma paralela estarás desencajando esa tan grandiosa relación que quizás tengas.

Tome en cuenta que si usted, lector, está soltero o soltera, de igual manera deberá siempre tomar los caminos correctos, porque su currículum saldrá a la luz cuando menos lo desee y le quitará verdad a esa credibilidad que desea mantener o construir.

Si usted está confundido y no logra descubrir si su pareja en realidad desea un espacio o si sus salidas son únicamente con objetivos contrarios, le mostraré cuatro tipo de actitudes que le ayudarán a entender cuáles son las verdaderas intenciones de su pareja o a descifrar las inconscientes acciones de usted mismo:

1. Los que tienen suerte: Este es el tipo de persona que en realidad sale en pocas ocasiones, se desestresan sanamente, bailan un rato, la pasan bien y adiós, se van. Su conciencia está encendida en ese sentido, ya que saben muy bien a lo que van y no se dejan llevar por nada ni por nadie. Tuvieron suerte una vez porque esa salida no causó problemas en su relación. Por otra parte, es una realidad que sus conciencias deberán recordarles que deben de respetar a sus parejas. Esto que quiere decir que si no se ponen en el lugar de ella, más temprano que tarde la suerte acabará y llegarán los malos entendidos y causarán problemas innecesarios. A un mal chisme que llegue a oídos equivocados, se le agregará más veneno que estará a disposición de infectar los pensamientos de tu pareja, acabando con lo antes construido en cuestión de segundos. Es muy importante aclarar que si tus repentinas salidas son una simple reacción a las salidas de tu pareja, únicamente para demostrarle sus errores, entonces te volverás dependiente y sin derecho a tener paz mental. Otra posibilidad es que, sin saberlo conscientemente, estés disfrutando de ser como en el punto número dos, que leerán a continuación.

2. Los que se creen ingenuos: Son los más peligrosos. este es el tipo de persona que se traga sus propias mentiras, jurándose a sí mismo y haciéndole creer a los demás que las discotecas son un lugar de espacio personal. Te harán creer que salen sanamente, pero sus intenciones no son buenas. Son los que aprovechan las peleas en pareja para usar esas excusas a su favor y desatarse, en vez de arreglar los problemas. Es importante entender de los puntos 1 y 2, que una persona que sabe lo que vale y que tiene un verdadero amor propio, jamás buscará una excusa para intentar hacer algo que vaya en contra de sus verdaderos principios, ni por venganza ni por ninguna otra razón. Si no los respetan como se merecen, dejarán por completo esa relación tóxica en la que se encuentran.

Esto quiere decir que si sigues los malos juegos de tu pareja, necesitarás fortalecer tu amor propio.

3. Los ingenuos puros: Es indiscutiblemente necesario recalcar que sí existen personas ingenuas, sin experiencia, que no tienen la menor idea de cómo enfrentar y reaccionar ante las tentaciones que estos lugares ofrecen. Es una realidad que este tipo de personas ni siquiera sabe qué sensación causa la oscuridad junto con la música ni el alcohol corriendo por sus venas. Si a esto se le agrega algún mal sentimiento que puedan estar teniendo ¡Adiós cordura! Es normal que no sepan controlarse porque nunca lo han vivido. Un ejemplo que les hará entender rápidamente cómo es un ingenuo nato, es similar a lo que sucede en muchas ocasiones en los casinos cuando entras por primera vez, ingenuamente con 200 dólares, convencido de que si los pierdes, no jugarás más; pero te encuentras con la sorpresa de que te hacen ganar el doble, ganar causará internamente en ti sensaciones incontrolables y querrás seguir apostando porque pensarás que es tu noche de suerte. Todo eso es un simple impulso que es causado por una gran unión en tu contra, que comenzó desde el momento en el que entraste por esa puerta porque todo el lugar está en complot para impulsarte a gastar lo que tienes, lo que ganaste y lo que pedirás prestado para intentar recuperar lo perdido. Una persona ingenua será dominada fácilmente. Aunque el ejemplo del casino es una circunstancia completamente diferente a la de una discoteca, causará de igual manera una destrucción en todo aquél que haga mal uso de esos lugares, no sepa cómo controlarse ni saber elegir qué camino tomar; camino que si tu conciencia no esta encendida, jamás encontrarás. Se entiende que hay personas que deben vivir para poder aprender, pero es más que una realidad que también existen personas sin experiencia alguna, que al usar su conciencia al 100% entienden muy bien qué consecuencia conllevará cada camino que elijan tomar, lo entienden mucho más que cualquier otro que tenga la mayor de las experiencias, pero que lamentablemente sigue eligiendo el camino equivocado una y otra vez.

4. Los sabios: Estos son los que toman la mejor decisión. Si es posible, intentarán arreglar sus diferencias antes de salir de sus hogares. Si salen sin su pareja, sin que hayan podido resolverlos, de igual manera sabrán muy bien a qué lugares no deben acudir. Su conciencia les recordará sus más apreciados valores, por lo que siempre elegirán el camino que de verdad les de un espacio pacífico de meditación y relajación. Entienden que esos espacios de desconexión, que la mayoría creen que son absolutamente necesario para darse un respiro en pareja, no se encuentran en lugares de fiesta ni en multitudes. Saben que las tentaciones se encuentran en todos lados, por ese motivo, respetan y controlan la situación cuando es necesario o la evitan cuando es absolutamente innecesario ir a donde no deben, ya que entienden que podría causarles algún daño en sus relaciones o a ellos mismos.

Es importante **aceptar** que hay lugares que tienen una energía muy grande, pero no precisamente sana; lugares que pueden lograr hacerte sentir lujuria. Luego de sentirla es casi imposible salir de sus garras, es una sensación difícil de manejar y controlar que te impulsará a cometer errores que no estabas buscando. También hay personas que se creen sumamente fuertes y se convencen a sí mismas de saber cómo evitar estas tentaciones, por lo que se meterán a la boca del lobo una y otra vez; quizás unas cuantas veces se salven, pero de tanto tentarse algún día caerán. Nunca olvides que si Dios te dio una señal por medio de tu conciencia, de que por ahí no te debes meter, **no lo hagas** porque encontrarás lo que no se te ha perdido y te destruirá como no lo tenías planeado.

Mi consejo para ti es:

Ten conciencia de que hay personas ingenuas y sin maldad que pueden ser víctimas de estos lugares nocturnos, pero también existen personas que se aprovechan de estos lugares, haciéndose las víctimas ante ti para llevar a cabo sus fechorías, ya que es lo que en realidad quieren. Lo que buscan no es relajarse, sino más bien liberarse. Son lobos vestidos de ovejas y te lo harán creer, ¡cuidado, no te dejes engañar! La mejor opción para darte cuenta si tu pareja es ingenua nata o no, es intentar leer su expresión corporal: tarde o temprano su cuerpo hablará lo que su boca intenta ocultar. Dios, a través de tu conciencia, te dirá que algo no concuerda con sus acciones, por lo que será la señal que estabas buscando; señal para que no creas únicamente en sus palabras, porque son extremadamente expertos en decir lo que deseas escuchar para tranquilizarte. Ten consciencia de esto y más temprano que tarde sabrás si es una ingenua o ingenuo auténtico, o una ingenua o ingenuo farsante. Recuerda que evitar lo que te daña no te hace más débil sino mucho más inteligente. Pelear contra cinco personas y ganar, no te volverá invencible porque, así la victoria esté de tu lado, en algún momento los golpes te pasarán la factura y las consecuencias llegarán porque estás desafiando lo que tienes la oportunidad de evitar. Esto es como trabajar arduamente y tarde o temprano te llagará tu recompensa; pero a quien no trabaja, nada le llegará. Esto quiere decir que si no quieres que te lleguen las consecuencias, entonces deberás evitarlas antes de cruzar la línea.

Alcohol vs conciencia

Hay teorías que afirman que los seres humanos son controlados por el efecto que el alcohol puede llegar a causar en sus mentes, dando como resultado que cometan acciones totalmente ajenas a sus verdaderas intenciones, aunque luego se sientan arrepentidos por sus decisiones. Pero hay algo que el alcohol jamás podrá controlar: la conciencia de reconocer qué es correcto y qué no. La conciencia no puede ser controlada ni manipulada por nada ni por nadie, de hecho, ni tu mismo puedes controlar a tu conciencia o manipularla a tu antojo o conveniencia, solo puedes ser consciente de ella y sentir la verdad, o ignorarla y escuchar únicamente a tus creencias o a lo que tus intereses quieran en ese momento. Con el pasar de los años, antes de atreverme a escribir esta teoría, me he encargado de conocer a mi cuerpo en muchas circunstancias y en diferentes ocasiones, de sentir en carne propia la capacidad que tiene la conciencia para hacerme reflexionar, aun cuando el alcohol corra por mis venas.

Uno de los conocimientos que he obtenido en este largo recorrido es que, así estés bajo los efectos del alcohol, siempre habrá un mínimo de espacio-tiempo en el que deberás estar atento para lograr evitar dichas acciones. Tu conciencia te gritará consejos muy efectivos, aunque la mayoría de las personas quizás no logren percibirlos conscientemente, no por el efecto que el alcohol les pueda llegar a causar, sino porque quizás están alimentando otro tipo de pensamientos que consideran más divertidos, en lugar de los aprendizajes aparentemente aburridos que la conciencia les dicta, por lo tanto no querrán escucharla.

También es una gran verdad que existen personas que en muchas circunstancias utilizan el efecto de dicho alcohol ingerido, únicamente como una excusa válida para hacer lo que en realidad han querido desde mucho antes de que el primer trago de alcohol corriera por sus paladares; una vez en su organismo y lograr dicho efecto, les dará el valor que antes no tenían. Eso no quiere decir que estar bajo los efectos del alcohol, te haga tener una personalidad desconocida o actuar en contra de tus verdaderos principios.

En mis experimentos no solo puse a prueba mi propia conciencia, sino la de muchas personas cercanas a mí, luego las entrevisté cuando dichas pruebas acabaron. En una de tantas, obtuve un resultado muy impactante que no me esperaba, este fue el de una mujer muy cercana a mí. Ella estaba bajo los efectos del alcohol de la manera más incontrolable posible, no quedaba una sola pizca de cordura que pudiera hacerla actuar correctamente. En el proceso de dicha prueba, atrás de ella estaba un hombre que además de guapo, era absolutamente inteligente, atractivamente adinerado y humilde, prácticamente el hombre perfecto. Este hombre a cada instante, le decía al oído palabras sabias que lograrían que cualquier mujer cayera rendida a sus pies, con o sin alcohol; pero esta chica completamente embriagada, de igual manera entendía que tenía que darse a respetar si de verdad quería ser valorada por este galán. El resultado fue que ese hombre no logró comerse a su presa. La conciencia consciente de esta chica en complot con su amor propio, pudo lograr que se diera el puesto que merece.

Al día siguiente le pregunté a ella la razón por la que había rechazado a ese tan inevitable hombre; obtuve una de las respuestas más impactantes y reveladoras: "Nosotras las mujeres, sabemos exactamente lo que hacemos y lo que en realidad queremos, con o sin alcohol. Yo sentía una gran atracción por ese hombre, pero había algo en el fondo de mi ser que me decía que no lo besara y simplemente le hice caso. Decidí no alimentar esa gran tentación que me consumía fuertemente dentro de mí y que intentaba quitarle la razón a ese aburrido consejo de mi conciencia. Entiendo que puede tornarse aburrido, pero es la decisión correcta para que únicamente el tiempo se encargue de que ese hombre demuestre si sus intenciones eran duraderas o un simple falso orgasmo."

Después de escuchar las palabras de esta amiga y de ver con mis propios ojos la tentación que logró evitar, además de los repetidos estudios que hice con mi propia mente y con otras personas, entendí un gran aprendizaje: si hay una base potentemente formada por la conciencia, no habrá nada en la tierra que la obligue a actuar erróneamente. También aprendí que la mayoría de las acciones que las personas tienen bajo los efectos del alcohol, son un simple reflejo de lo que en realidad han deseado ser o hacer. En la mayoría de los casos, el alcohol siempre será la ayuda más cobarde que algunos utilizarán, ya que los apoyará e impulsará a hacer realidad todas las erróneas decisiones que estén dispuestos a tomar. De ese modo, no tendrán el valor de asumir sus propias responsabilidades, puesto que el único culpable de todo siempre será el alcohol.

Lo mismo sucede con el dinero. Muchos individuos están convencidos de que cambia a las personas luego de obtener una gran cantidad, pero la realidad es que esos cambios que tienen cuando pasan de no tener nada a tener demasiado, no es más que la manifestación de la persona que en realidad siempre fue, solo que ahora el dinero le da la confianza y seguridad para mostrarse como en verdad es. Antes no se atrevían porque no tenían el valor suficiente o en su defecto, no podían.

Esto quiere decir que si eres una buena persona que logró hacerse rica, usarás tu riqueza para darle felicidad a otras personas. Esto no quiere decir que el dinero te mejoró o te cambió, sino que te está dando la oportunidad y la confianza para poder ser o hacer lo que antes no podías. De igual manera, si luego de obtener dinero te conviertes en un completo egoísta controlado por tu ego, no significa que el dinero te empeoró o te cambió; solo te está dando la oportunidad y confianza para poder ser o hacer lo que antes no te atrevías o no podías.

Hay un 99% de probabilidades de que no logres la riqueza tanto espiritual como monetaria, si **previamente** no has trabajado para que eso suceda. Las personas no se suicidan sin que antes de que suceda esa terrible acción, hayan tenido una cantidad de sentimientos, circunstancias, juegos mentales, depresiones, enfermedades, problemas y miles de sensaciones más, que las llevaran a que eso sucediera. Todo lo que cause algún sentimiento o sensación en tu cuerpo, que logre reforzar tus más débiles pensamientos, logrará hacer realidad todo lo que has guardado sin ser superado, por no tener el valor suficiente de enfrentarlo. Así que no le echen la culpa al alcohol, al amor, al dinero o a los demás porque todas las acciones que hagas, vienen únicamente de ti y debes de hacerte responsable por ellas.

Mi consejo para ti es:

Siempre intenta sentir en carne propia todo lo que leas en algún libro o hagas en talleres de superación personal. Siéntate un día a ingerir licor, bien sea solo o con alguien que desees y te atraiga mucho, pero desde el primer trago ten consciencia de tener siempre la conciencia encendida, no dejes que el licor comience a correr por tus venas y te haga olvidar los consejos de tu conciencia. Intenta ***sentir*** *sin alentar las sensaciones que el licor comenzará a darte y verás cómo las actitudes que comiences a tener, te van a revelar quién en realidad habías deseado ser o hacer; solo tú estarás sintiendo, tienes que ser consciente de ello. Puede que llegues a sentir que el licor ingerido no tenga el mismo efecto que normalmente tenía, pero es necesario que entiendas que el alcohol sí está influyendo tal y como lo hacía tiempo atrás, solo que ahora eres consciente de tu aburrida conciencia que no te dejará disfrutar como habías estado acostumbrado. El alcohol en las personas y su efecto, influye de la misma manera que influye cualquier otro tipo de sentimiento: si te dejas llevar o decides alimentarlo, inconscientemente estarás perdiendo todo el control de tus acciones.*

El castigo únicamente se creará
en las mentes de quienes no son
capaces de asumir la responsabilidad
de sus acciones.

Castigo

Es más que una realidad que muchas personas no han logrando salir de esa castigo infinito que los persigue, o de esa negatividad a la que creen ellos haber sido destinados. Es así como logran vivir cada segundo de sus vidas con un gran resentimiento hacia la sociedad, ya que se toman todo tan personal que se convencen de manera frecuente que son **castigados injustamente sin saber por qué**. Cada detalle de sus vidas que, de una forma u otra, no les ha logrado salir bien, los ha llevado a caer en sus más peligrosos juegos mentales que provienen de esa manera interminable de creerse siempre las víctimas. Este resentimiento con el que muchas personas aprenden o se acostumbran a vivir, está directamente relacionado con no haber aceptado que le han causado algún tipo de daño a otras personas, pero al no perdonarse a ellos mismos, seguirán alimentando sensaciones de culpabilidad interminable. Esta es la razón por la que siguen sin lograr nada positivo en sus vidas y por la que seguirán castigándose únicamente ellos mismos. Ese sentimiento de culpabilidad no superada los matara lentamente; si no cambian de frecuencia, de manera inmediata, Dios y el universo seguirán enviándoles situaciones similares.

El castigo es una realidad que existe únicamente en los pensamientos de aquellos que deciden ser víctimas, en lugar de individuos responsables. Dios no castiga, Él ama tanto a la humanidad, que a cada uno de nosotros nos enviará exactamente lo que nos ganemos con nuestras acciones; muchos lo llaman **karma**.

Cada acción conlleva siempre una reacción, la forma como absorbas esa reacción es lo que te va a diferenciar del resto; allí es cuando tendrás la oportunidad de elegir ser una persona sabia. Las personas tienden a creer que sabio es aquella o aquél ser humano elegido o iluminado que tiene dones que otros no pueden tener, pero la realidad es que los sabios solo son personas comunes como tú o como yo; su único don es negarse rotundamente a ser una víctima.

Un sabio es esponja y piedra a la vez: esponja para absorber cualquier aprendizaje y convertirlo en piedras que formarán un muro de contención tan potente que nada ni nadie podrá atravesarlo. Los sabios nutren su mente cada segundo de sus vidas, saben escuchar, entender, aceptar, perdonar y, sobretodo, saben callar, admitir, pedir perdón y mejorar cuando entienden que han cometido un error.

En cambio, las víctimas siempre justificarán todo lo que les suceda, transformarán con excusas cualquier circunstancia y la convertirán en una **verdad manipulada** para lograr ponerse ante los ojos de los demás como los únicos afectados o atacados. Nunca tendrán la culpa de nada porque no saben escuchar, entender, aceptar ni perdonar, no existe la manera en la que vean aprendizajes, en vez de problemas; sobretodo, nunca entenderán que esos que ellos llaman castigos, no son más que una simple reacción de lo que ellos han hecho o hacen con las demás personas.

Hay otro tipo de pensamiento mucho más peligroso para este tipo de personas, se trata de un juego mental que podría llevarlos a cometer acciones irreparables tanto para sus vidas como para las vidas de otros. Todos hemos actuado de forma incorrecta, ya sea de una manera u otra, pero la diferencia radica en cómo actúes ante tres importantes circunstancias: la primera está en quienes aceptaron su error, convirtiéndolo en un sabio mensaje positivo, pero entendieron que nunca más deben volverlo a cometerlo; la segunda está en quienes se sienten a gusto haciendo el mal y sieguen actuando destructivamente en la vida de otros, sin sentir ningún tipo de remordimiento ni conciencia. Este tipo de personas, normalmente, están muertos en vida; la tercera, y la más importante, en la cual nos queremos enfocar, es el tipo de personas que son víctimas de su propia mente y se condenan ellos mismos de por vida. Sus pensamientos les hacen sentir que no tienen una segunda o tercera oportunidad, que no merecen el perdón ni de Dios ni de los afectados. Este es el punto más peligroso e importante que se debe entender, ya que personas que son buenas, se están auto-condenando por juegos mentales provenientes de palabras u opiniones ajenas.

La mente jugará con cada circunstancia de tu vida. Es importante que siempre tengas consciencia de esto, ya que es muy común que suceda. Debes entender que tú , que estás leyendo esto, si eres de los que siente que te estás ahogando en tus malas acciones y no puedes salir de ellas porque no te permites perdonarte, de modo que te sumerges en acciones cada vez peores, es tiempo reconocer que vas por un mal camino. Si a partir de esta lectura lo estás haciendo, aunque sea levemente, y estás logrando escuchar tu conciencia, ¡Felicidades! ¡Vas bien! El próximo paso que debes tomar para salir poco a poco de ese mar de culpabilidad en el que te estás ahogando, es intentar solamente una buena acción, ¡tan solo una! Debes hacer un acto de nobleza hacia alguien, verás cómo ese acto irá dándote el perdón que no habías conseguido y lograrás sentirte gratificantemente bien. Luego, realiza otra noble acción, hazlo sucesivamente hasta que olvides todos tus errores y seas consciente de que esos errores que antes te carcomían, eran absolutamente necesarios para convertirte en una excelente persona, ante los ojos de todo aquel que reciba tu ayuda. Pero si no decides salir de ese mar de culpabilidad, cometerás errores muchos más graves, ya que tu mente te dirá: ¡hazlo, de todas maneras ya estás hundido!

Daré un ejemplo para que entiendas que los juegos mentales están en cada mínimo detalle de la vida cotidiana, dado que son el impulso que le dará vida a tus malas acciones. Este ejemplo se ve reflejado en la comida chatarra y las personas obesas cuando suelen sentir que no tienen manera de ser flacos, volviéndose víctimas de sus propios juegos mentales que los obligan a seguir comiendo enloquecidamente, sin oportunidad de bajar de peso. De igual manera sucede con los culpables que sienten que no podrán volver a ser buenas personas. Aunque indiscutiblemente son circunstancias diferentes, conllevan la misma solución.

Para contrarrestar los juegos mentales de este tipo, debes comenzar por una sola buena comida, esta tan importante comida será fundamental para todo aquél que en realidad desee un cambio, ya que será el comienzo de un gran contagio, te sentirás mucho mejor y ese buen sentimiento te llevará a otra comida mucho más saludable. De esta forma, lograrás salir de ese hueco en el que te sentías hundido y acabado. Aunque indudablemente los resultados en este ejemplo no se verán reflejados rápidamente, lo que intento decir es que la mente siempre apoyará tus peores decisiones porque ella cree que es lo que tú deseas, lo cree así porque sigues alimentando pensamientos de gordura.

Si deseas un cambio, deberás crear un hábito: alimentar únicamente las señales que la consciencia intenta mostrarte, sin confusiones; sin confusiones porque debes ser consciente de que la conciencia dictará mensajes que irán en contra de tus debilidades. Debes de ser fuerte porque ella no apoyará lo más sabroso, pero sí lo más correcto y justo, lo que te dará ese brillante cambio en tu vida; cambio del que ya no te creías merecedor.

Cuando ya seas consciente de que sí tienes oportunidad del perdón y que no estás condenado a ningún castigo, quizás tu mente siga con sus juegos mentales, ella no se rendirá jamás y volverá con pensamientos como: "nada cambiará el pasado, el daño que causaste no podrá ser reparado". Debes regalarte otro gran favor: no la escuches porque caerás nuevamente en ese hueco. Es importante que entiendas que la maldad siempre buscará a quienes la alimenten.

Pídele a tu Dios interno que siempre te ponga en el camino correcto. Si tienes una gran fe en él, entonces deberás comenzar a ser responsable en lugar de víctima de tus mismas decisiones, que provienen de las circunstancias normales por las que cualquier ser humano pasa, a fin de recibir una auténtica formación espiritual; formación proveniente de ese Dios en el que tanto confías.

Mi consejo para ti es:

La conciencia humana es real y debes tomarla muy en serio, pero también es real que hay personas que no sienten empatía, no saben diferenciar entre lo bueno y lo malo porque hay algo que falla dentro de ellos; por esa razón, la maldad se apodera de sus vidas y se vuelve protagonista. El dolor que pueden llegar causar en la vida de los demás, podría ser irreparable.

Si tú llegas a sentir arrepentimiento, quiere decir que tu conciencia está en muy buen funcionamiento, así que aprovéchala porque tienes la oportunidad de mejorar tu vida y la de otros. Sal de ese hueco porque no te pertenece, no te tomes nada personal y comienza con una simple buena acción que te contagiará de muchas buenas acciones.

El castigo no existe en las mentes de quienes desean llegar a ser sabios, ya que comprenden que todo tiene una razón de ser, un mensaje oculto que únicamente será su trabajo descifrar, mensaje proveniente de su propio Dios interno. Este mensaje no podrá ser visto si alimentan sus excusas en lugar de sus responsabilidades.

Deberás de ser con tus padres
el mismo tipo de hijo que
te gustaría tener.

Hijo siempre fuerte

Es importante entender que ser un hijo ejemplar no se basa únicamente en sacar buenas calificaciones, sino en aquél que sabe comprender que sus padres también necesitan apoyo para mantenerse positivos ante cualquier adversidad.

¿Qué se quiere decir con esto? En cada familia siempre habrá circunstancias que no estará en nuestras manos la posibilidad de cambiarlas, pero sí la de intentar controlarlas para aliviarlas, como puede ser una enfermedad, un accidente o, quizás, la más fuerte de manejar: la pérdida de algún familiar querido.

Tú, lector, si en este momento tu trabajo es el de ser hijo, deberás intentar serlo con todo el amor y comprensión del mundo, con la consciencia de que llegará cierto momento en el que no todo el trabajo le pertenecerá a tus padres. Si estás viviendo momentos trágicos en tu familia que, aunque no vayan dirigidos hacia ti, de igual manera te afectan, tu mayor reto será el de jamás convertirte en una víctima más de ese amargo momento por el que pueden estar pasando. Entiende que todo va a empeorar si no aportas tu gran fortaleza para que los integrantes de tu familia vean en ti un gran soporte y no una razón para seguir llorando.

Para tener un mejor entendimiento y razonamiento de lo que has leído hasta ahora, debes aceptar y entender que los hijos siempre serán la razón de ser y la gasolina que le da el movimiento a cada padre y madre; ellos podrían estar pasando por el peor de los momentos, pero si en medio de ese momentáneo cielo oscuro, sus hijos en vez de convertirse en una carga, se transforman en una luz de esperanza que les dé, en el fondo de esa tragedia, una gran razón para reír nuevamente. Si tú eres ese hijo, habrás logrado ser un verdadero orgullo, no solamente de la familia si no a nivel de un gran ser humano.

Hay hijos que, inconscientemente, lo único que hacen es reflejarles a sus padres todos sus problemas, aun cuando ya está en sus manos la posibilidad de resolverlos por sí mismos; he aquí una vez más a los seres humanos intentando evadir sus responsabilidades. El hecho de ser el hijo, no quiere decir que tus padres tengan la absoluta responsabilidad de remendar tus repetitivos errores, aunque es absolutamente cierto que la mayoría de los padres lo harán. Sin embargo, les estarán arrebatándole a sus hijos la posibilidad de defenderse cuando ellos ya no estén.

Hijo, no lleves a tu hogar más problemas de los que ya existen. Si eres consciente de todo tu entorno, deberás imaginar que puede existir la gran posibilidad de no saber qué ocurre en realidad con tus padres, por la única razón de que ellos se ahogarán primero, antes de ahogarte a ti con problemas que no están en tus manos resolver. De igual manera, te tocará a ti resolver tus problemas cuando únicamente esté en tus manos la posibilidad de revolverlos. Cuéntale a tus padres circunstancias positivas o, en su defecto, situaciones que se salgan de tus manos y no puedas resolver. Nota: hay situaciones que deben ser contadas a los padres de manera inmediata, ya sea un acoso sexual o algún tipo de amenaza, pero si son vivencias circunstancialmente normales, no sumes más problemas de los que puedan ya haber. Un hijo siempre necesitará la ayuda de un padre, es normal, así es la ley de la vida, pero solo intenta que no sea en los momentos en los que ellos necesiten de ti.

Si eres uno de esos hijos que viven en guerra contra sus padres por algún tipo de resentimiento, deberás de aceptar que fueron los padres que te tocaron, no puedes desperdiciar tu vida entera con un constante odio hacia ellos porque nunca podrás cambiar el hecho de que son tus padres y deberás vivir con eso hasta el día en el que mueras. Acéptalos y respétalos tal y como son, por la simple razón de que fueron ellos los que te dieron la posibilidad de vivir. Ningún libro te dirá la manera exacta en la que debas amar o perdonar a tus padres, pero lo que sí te diré es que hoy eres esa gran mujer o ese gran hombre, gracias a tu decisión de intentar o no intentar ser como ellos. ¿Qué quiere decir esto? Que si tus padres han hecho contigo atrocidades imperdonables, esos actos junto con tu manera de transformar lo malo en absolutamente positivo, inconscientemente te habrán formado en lo que hoy en día eres. De no ser así, quizás serías una persona despreciable, igual que ellos. El hecho de tener padres ejemplares no quiere decir que tú, como hijo, también lo seas. La transformación se basará únicamente en tus decisiones; esas decisiones son las que realmente formarán personas ejemplares o despreciables. Tu decisión ante cada circunstancia es lo único que deberás mantener siempre presente.

Mi consejo para ti es:

A los padres no los elegimos, pero todo tiene una razón de ser. La culpa nunca será de ellos, sino de nuestras decisiones.

Entiende sin palabras

En esta tan importante parte del manuscrito, está la verdadera magia que conlleva el saber vivir plenamente con una conciencia. Una persona que aprenda a utilizar ese gran combo, por obligación usará todos los beneficios que estas le darán. Una de esas virtudes es el entender a las personas sin necesidad de una sola palabra.

Aprender a ver y a sentir lo que alguien quiere o no quiere decirte, sin que te digan aun absolutamente nada, será un poder que pocos tendrán la oportunidad de aprovechar, ya que no le están dando importancia a las expresiones corporales de las personas que tienen antes sus ojos. El problema está en que no entienden que allí radican los verdaderos y reales comunicados e intenciones; son reales porque no pueden ser manipulados por sus bocas ni por sus creencias. El 90% de la humanidad únicamente toma en cuenta lo que expulsan las bocas de otros o solamente le dan importancia a las expresiones corporales más básicas para el entendimiento de cualquiera. Varias de esas expresiones las reconocemos cuando vemos que alguien se siente triste, emocionado, angustiado, preocupado, dudoso... No obstante, hay millones de mensajes ocultos que las personas intentan decirte o, en su defecto, no decirte absolutamente nada, pero muchas veces no se atreven ya sea por pena, miedo, dudas, no querer herirte, están ocultando su verdadero Yo para que nadie logre ver quienes en realidad son y cuáles son sus intenciones. En algunas ocasiones, tu conciencia es tan rápida que no les das ni la más mínima oportunidad de que te hablen porque al verlos, ya sabes prácticamente todo lo que te van a decir. Esto sucede no porque seas un mago o leas las mentes, sucede cuando una persona ha entendido todas y cada una de sus circunstancias conscientemente, conoce todo su entorno, su universo, cada detalle lo ha entendido minuciosamente y lo ha tomado en cuenta. Cuando estés en un nivel de consciencia tan grande, nada de lo que alguien más tenga para decirte, ni sus futuras acciones, te sorprenderá, porque ya lo sabías desde mucho antes.

Esto se logra con práctica y tiene que hacerse en cada segundo de tu día a día. Un ejemplo de esto es como ir en un tren tan rápido, que no tienes la oportunidad ni el tiempo de poder ver, apreciar ni entender todo lo que a tu al rededor esta en ese camino. Si vives una vida acelerada, sin prestarle atención a los mínimos detalles, jamás tendrás la virtud y la oportunidad de entender lo que el universo completo intenta decirte. Esos mensajes de Dios y del universo también están incluidos en las expresiones corporales de personas que a tu al rededor están o llegan inesperadamente; recuerda que son mensajes visuales que van dirigidos a ti y que no tienen nada que ver con palabras. Entiende que las palabras de las personas, mayormente, desearán que no logres alcanzar absolutamente nada.

Esta virtud te servirá para los trabajos, relaciones, negocios, traiciones, noticias buenas o malas, mentiras, engaños... ya sea que estén dirigidos a ti o a otras personas. Si aprendes a ser un buen observador de tu al rededor, podrás ver fácilmente cuando alguna de las partes de una conversación no sea congruente con el resto. Cuando estés como espectador, podrás entender el verdadero mensaje oculto que no desea ser revelado y

podrás llegar a sentir un mal momento que alguien conocido o no, esté viviendo o sintiendo, por más que sus expresiones corporales sepan ocultar muy bien su dolor. De igual manera cuando lo captes, podrás ayudar a esa persona dándole la oportunidad de calmar su dolor, regalándole buenas acciones de tu parte sin que te las haya pedido. Entender las expresiones corporales de las demás personas es sumamente importante, pero si te las tomas personal, te afectarán llevándote a caer en las suposiciones y a juzgar sin tener una certeza clara. Esto quiere decir que primero debes unir varias circunstancias antes de dar un veredicto final.

Con este ejercicio, podrías llegar a una fiesta y entender rápidamente si le gustaste a alguien o no y saber lo que intentan decirte mucho antes de ser rechazado o aceptado con sus palabras, ya que, de forma consciente o inconsciente, tu músculo estará tan entrenado que entenderás todas y cada una de las señales. Las radiaciones de energía que captes, saldrán del interior de las personas que conscientes o inconscientemente, quieren mandarte un mensaje. Quizás alguien piense "¡Wow! ¡Qué interesante es ese hombre!", pero en esa persona no será necesaria la práctica para que tu lo captes; la sensación que le causó verte será más que suficiente. En mi práctica personal puse a prueba a muchas mujeres y nunca fui rechazado. No porque sea el más guapo para los ojos y gusto de todas, sino porque jamás me di la oportunidad con chicas que sabía que me iban a rechazar, puesto que sus expresiones corporales, en varias circunstancias, me lo dejaron saber.

El tiempo también te dirá que tenías razón en todas y cada unas de las señales que captaste, así que no deberás desesperarte por no lograr un veredicto instantáneo. Esto también va dirigido a aquellos momentos en los que intentes advertirle a alguien sobre alguna noticia necesaria que esa persona no logra ver, pero que sí podría afectarle, ya que lo más seguro es que momentáneamente no te crea, por lo que deberás dejar que el tiempo, las circunstancias y las acciones hagan todo el trabajo hasta que confirme tus advertencias. Indiscutiblemente, habrá señales que no tendrán ningún tipo de aprendizaje ni serán absolutamente necesarias o relevantes para tu vida; sin embargo, de igual manera forman parte de la práctica que necesitas para mantener el músculo de la consciencia en su más alto nivel.

Para captar las señales de forma correcta es importante el cero interés; de lo contrario, podrías captar señales confusas provenientes de tus juegos mentales, lo que te hará creer justamente lo que en el fondo deseas, en lugar de lo que las expresiones intentan decirte y la verdad que en realidad conllevan. Un ejemplo de esto es cuando la mujer tiende a ser amigable, pero los hombres confunden las señales y captan un mensaje equivocado. Sus mentes junto con su ego, les hará pensar que la mujer es una chica fácil, la juzgarán sin tener un certero veredicto final, la condenarán con chismes que no son reales, expulsando veneno con sus palabras. Este mismo ejemplo también se refleja cuando una mujer es muy atractiva y el hombre siente un gusto tan grande por ella, que su mente le hace creer que esa amigable mujer le está coqueteando disimuladamente, pero en realidad no es así. Es exactamente lo mismo cuando estás en una relación y no logras ver las mentiras que tu pareja te podría estar diciendo. Tienes tantos sentimientos por ella o él, que tu mente no te dejará aceptar las verdaderas expresiones corporales que esas mentiras intentan ocultar, pero los que están afuera de esa relación, muchas veces sí logran verlo fácilmente porque tienen cero interés.

Para todos aquellos que se encuentren en una relación y deseen enormemente aceptar que su pareja es tóxica, la buena noticia es que es mucho más fácil de lo que piensan, ya que existen una serie de señales y mensajes que deben captar con la conciencia, no con el corazón.

El primer paso que debes tener en cuenta, es que no debes intentar descifrar a tu pareja porque el resultado será que te confundirás más. Las personas tóxicas tienden a ser muy inteligentes y te pueden engañar, de modo que al final tú serás el culpable y ella la víctima. Si de verdad enciendes tu conciencia y te dejas guiar por ella, captarás las señales que te sacarán de esa tóxica relación, comenzarás a tomar en serio todas y cada una de las actitudes que tu pareja ha tenido y tiene en el presente. Si sus acciones son inconvenientes, dependerá de ti si permites que eso siga en tu futuro. Para que comiences a tomar en cuenta conscientemente lo que una persona tóxica tiene para ofrecerte, toma en cuenta estos siguientes puntos:

- Te hacen sentir inseguridad.
- Te hacen sentir culpabilidad.
- Te quitan tu paz mental.
- Critican tus ideas para luego ellos robárselas.
- No te dejan crecer.

- Te restan en vez de sumar.
- Cuando no están contigo sientes miedo porque hay algo en ellos que no te permite confiar.
- Te quitan tu equilibrio en cualquier circunstancia.
- No te escuchan, solo opinan sin saber.
- No cambian, solo culpan.
- No intentan arreglar, destruyen más.
- Intentan cambiar la forma en como los demás te ven.
- Intentan cambiar la forma en como tú ves a los demás.
- Intentan cambiar la forma en como tú te ves y te valoras a ti mismo, bajando tu autoestima.
-Te moldean a su antojo y a su conveniencia.
- Al final de todo, el culpable siempre serás tú.

No intentes conocerlas porque ni ellas mismas se conocen. Solo fíjate en lo que te hagan sentir, si te hacen sentir todos estos puntos que acabas de leer, simplemente son tóxicas. No escuches sus palabras porque caerás de nuevo, solo sé consciente de lo que sus actitudes te hagan sentir y aléjate. El único placer de ellos no es crecer contigo, sino destruirte para que no crezcas, ya que son personas que en el fondo te admiran pero como no pueden ser como tú, se obligan a tomar el único camino que tienen: infiltrarse en tu corazón para debilitarte poco a poco y atacarte cuando más feliz y animado te vean. Les arde profundamente verte alegre, la única arma que tienen para hacerte sentir que no vales nada, es recordarte esos defectos que tú mismo en algún momento les confiaste. Te daré un gran consejo: enamórate de esos defectos que también son virtudes; si tú mismo los aceptas, nadie podrá usarlos en tu contra.

El tóxico es un envidioso que se ha infiltrado como tu pareja. El poder de tu conciencia deberé recordarte que tienes que agradecer el hecho de que alguna vez tuviste la oportunidad de conocer de cerca a una persona tóxica. Eso quiere decir que tu éxito es visible a la vista de todos, así que levanta esa autoestima y comienza a creer en ti; refuerza ese amor propio, que desde aquí puedo sentir que tú eres un ser que se merece conseguir todo lo que el universo quiere darte;

ten Fe en tu Dios interno; siente las señales, vive ese futuro exitoso y jamás permitas que un tóxico vuelva a entrar en tu vida. Si ya lo viviste una vez y aprendiste de la experiencia, es algo completamente aceptable, pero si lo permites una y otra vez, entonces el único tóxico en tu vida has sido **tú**.

Si es así, retrocede a las primeras hojas del libro donde deberás leer nuevamente el capítulo de la **Soledad y del amor propio** para que comiences a amarte y darte el valor que mereces, pero que lamentablemente has perdido por algunas circunstancias.

Mi consejo para ti:

Manejar la conciencia al 500% es complicadamente fácil: complicado para aquel que no crea en ella, pero fácil para ti porque si todavía estás leyendo este manuscrito, es porque crees o quieres creer en ella. Capta cada señal de forma justa con cero interés personal. No es necesario que las personas hablen para que captes el mensaje que desean o no darte. Si quieres captar desesperadamente una noticia importante para tu vida, lo más seguro es que captes señales y mensajes equivocados porque tu mente y tus pensamientos intentarán complacerte, pero al mismo tiempo le quitarán crédito a tu conciencia, que es la única que te dice la verdad.

Se entiende que es complicado aceptar que tu pareja sea tóxica, pero si ya estás sintiendo que lo es, ¡Felicidades! Es la primera señal que no debes pasar por alto. Comienza a confiar conscientemente en todas las demás señales que comenzarán a llegar o que ya habían llegado, pero que nunca las uniste para llegar a un veredicto final. Es imprescindible no escuchar sus palabras porque le quitarán, de manera inmediata, el valor que le has logrado dar a ese círculo de señales.

El tiempo vive,
así que
¡vívelo!

Tiempo. ¿Amigo o enemigo?

Es primordial comenzar a tomar en cuenta este tan importante aspecto desde otra perspectiva que, quizás todavía no tienes: dale el uso necesario al tiempo que te queda y aprende a valorar el tiempo que ya usaste.

El tiempo que has vivido hasta ahora, fue absolutamente indispensable para darte el tiempo necesario de aprender a valorar las oportunidades que has estado buscando. Aprovéchalo y podrás lograr a tiempo ese exitoso futuro que espera por ti. Debes tener consciencia de no olvidar cada instante de tu día a día, ya que en tan solo un segundo tu vida podría cambiar. La mayoría de las personas vive el tiempo que les queda sin tan siquiera enterarse del milagro que tienen frente a sus ojos, únicamente se darán cuenta de su existencia cuando su tiempo de partir de este mundo haya llegado. El tiempo no es bueno ni tampoco malo, el tiempo es tiempo y hay que saber aprovecharlo, disfrutarlo, valorarlo y ser agradecido con Dios y el universo por regalárnoslo.

El tiempo puede ser tu oro o puede ser tu ruina, tu amigo o tu peor enemigo; el tiempo te da problemas y te da el tiempo necesario para resolverlos; el tiempo te hace cambiar de pensamientos y te crea heridas, pero con el mismo tiempo las curarás; con el tiempo la gente evoluciona o se retrasa, todo depende del tiempo que se tomen en aprender o no; con el tiempo se fracasa para luego volverse exitoso, con el mismo pasar del tiempo; el tiempo regala ilusiones, pero el mismo tiempo puede hacernos sentir desilusionados, aunque seguirá dándonos el tiempo para levantarnos nuevamente, cada vez mucho más fuertes y con más experiencia; el tiempo es vida y solo es cuestión de tiempo para que llegue la muerte; el tiempo lo puede, lo cura y lo es todo, es lo único que se sabe con certeza. Solo aprovechen su tiempo con buenas acciones, sin hacerle daño a nadie. Si se encargan de usar ese tiempo para destruir vidas, está más que asegurado que el universo tiene todo el tiempo del mundo para devolverles exactamente lo que con sus acciones hagan hacia los demás. Aquellos que hacen el mal, creen que no morirán y no entienden que el tiempo está regando sobre ellos más oportunidades de recibir el mismo mal que dan.

El tiempo perdido no existe porque con su paso, tus dudas se aclararan para responder tus más anheladas preguntas. El tiempo jamás retrocede, lo que te debería llevar automáticamente a valorar el tiempo que en el presente tienes. Las malas circunstancias con el tiempo se irán, pero si no tomas la decisión de verles el lado positivo, lo único que verás es el tiempo correr en tu contra. Tómate el tiempo para vivir cada momento porque allí radica el valor de cada etapa.

Muchas personas piensan que han perdido el tiempo porque sus juegos mentales o quizás sus circunstancias, les hagan creer que son adultos, lo que provocará que se haga demasiado tarde para lograr sus sueños. Es indispensable que entiendan que si siguen respirando, todavía **hay tiempo**. Los tiempos de Dios los maneja únicamente Él, así que **no te desesperes**, solo Él tiene la sabiduría requerida para manejarlos, y déjame confirmarte algo: son extraordinariamente **perfectos**.

A veces, hay desesperos por nuestra parte porque en los tiempos que nosotros manejamos, creemos y nos convencemos de manera constante que ya es el momento indicado, pero es en ese preciso instante cuando la consciencia nos recordará que nuestro tiempo y nuestro momento, no son absolutamente necesarios en el **ahora**: deberás esperarlo, pero sin frenarte porque si te sientas a esperar, lo único que lograrás es que ese tan esperado tiempo nunca llegue. El tiempo es lo más valioso que hay, es el regalo más indispensable; lo mejor de todo, es que es **gratis**, de modo que las personas que se victimizan no tendrán jamás una razón válida para excusarse.

Valora el tiempo más que a tu propia vida porque mientras tengas tiempo, podrás **vivir**. Ten consciencia de que hay una cosa que el tiempo no le permitirá a nadie: intentar comprarlo. No hay poder humano que pueda alargar el tiempo que Dios tiene destinado para cada persona. Si en algún momento el tiempo te regala la oportunidad de toparte con personas prepotentes, que intenten demostrarte el dinero que bajo su poder tienen, deberás hacerles una sola pregunta, pregunta que callará sus bocas, misma pregunta que realizada de una manera muy cordial, les dirá si el dinero que presumen tiene la posibilidad de comprar el tiempo que están desperdiciando para lucir lo único que en realidad pueden ofrecerle a la humanidad. Verás que después de ese incomodo momento, automáticamente sus bocas se callarán.

Todos somos iguales y todos tenemos el mismo poder, tanto tú que pudieras estar apenas comenzando la búsqueda de un sueño, como el poderoso empresario que cree tenerlo todo; ambos tienen las mismas oportunidades y posibilidades. Las cosas más valiosas de la vida **no tienen precio**, en tanto que lo que sí lo tiene es material circunstancial, absolutamente no primordial.

Mi consejo para ti es:

Vive y deja vivir. *Es importante que no pierdas tu tiempo criticando ni juzgando a nadie, no dejes pasar el tiempo frente a ti por estar enfocado en los demás. Recuerda que el tiempo no retrocede, jamás podrás comprarlo ni con todo el dinero del universo entero. Comienza a tener consciencia de que jamás es demasiado tarde para comenzar a lograr tus metas. Aprovecha cada segundo de tu vida porque el tiempo puede acabarse en cualquier instante. Entiende que los tiempos de Dios son extremadamente perfectos y que no podrás cambiarlos ni manipularlos a tu antojo, pero lo que sí puedes hacer es mantenerte en movimiento mientras llega ese éxito por el que tanto has luchado, así que* ***no bajes la guardia.*** *Hagas lo que hagas con tu tiempo* ***nunca lo utilices para destruir la vida de nadie.*** *Vivir bajo la verdad universal siempre será indispensable, todo el tiempo.*

Tu dirección es mucho más importante que tu velocidad.

Talleres emocionales o de superación personal

Nada ni nadie podrá animarte de manera constante, solo circunstancialmente.

Una inspiración que nos ayude emocionalmente, ya sea para emprender un nuevo negocio, tener una nueva pareja o construir un mejor estilo de vida, va a estar relacionado con la **constancia**, pero no únicamente la de trabajar día a día para poder conseguir todo lo que se propongan, sino para entender que habrá momentos en los que no siempre se tendrá la misma energía, momentos en los que no se sientan inspirados, en los que tengan dudas de lograr o no sus propósitos, en los que miles de excusas de sus juegos mentales comenzarán a manifestarse con el fin de frenarlos. Deben tener consciencia de recordar el punto de partida, de preguntarse nuevamente para qué empezaron y de mantener un constante entendimiento de que esto sucederá una y otra vez. No deberán tomarse personales estos sentimientos encontrados y **seguir en constante movimiento**.

Esto es importante porque muchas personas comienzan bien, pero a mitad de camino sus pensamientos evitan que terminen sus objetivos, llevándolos a creer más en las palabras motivadoras de personas que cobran millonadas, que intentar confiar en ellos mismos, en su Dios interno y en su consciencia. Recuerden que **lo más valioso de la vida no tendrá precio**.

Lo que logra inspirar a muchas personas, inspiración proveniente de las palabras que algunos motivadores usan, es porque estos encienden, momentáneamente, la llama de la conciencia consciente de sus seguidores, que se mantendrá encendida mientras sigan escuchándolos; pero todo acabará si no aprenden a mantenerla **voluntariamente**. Esto quiere decir que no existe una constancia fundamental, por parte de cada persona, para recordar las palabras motivadoras que han escuchado, en los momentos más necesarios. Dicho sea de paso, estas palabras sí conllevan algún tipo de aprendizaje para sus vidas.

Las personas hoy en día, no leen, les cuesta mantener una constante lectura cuando hay más de 10 líneas, con lo que se privan de conseguir la respuesta que en esos momentos están buscando. La realidad es que únicamente buscan frases simples y contundentes porque desean utilizarlas para que le llegue el mensaje a la persona que está del otro lado, quizás algún novio, ex novio, etc. Esto quiere decir que están usando su valioso tiempo para lanzar indirectas en vez de utilizarlo para nutrir sus conocimientos.

No hay nada de lo que tú puedas estar viviendo, sintiendo o preguntándote, que no esté la respuesta en algún tipo de libro. Si te atrevieras a leerlo, podría ayudarte para darte un respiro en tu camino.

Debes de recordar que nadie tendrá el poder de inspirarte constantemente, si tú mismo no eres capaz de hacerlo por ti. No importa los talleres que hagas ni los libros que leas ni mucho menos los consejos que alguien pueda darte, si tu conciencia no se mantiene conscientemente encendida, sin jamás olvidar ninguno de esos aprendizajes: Poder recordar para poder aplicar.

Muchas personas se endeudan para escuchar algo que los ayude a conseguir ese amor propio extraviado, sin entender que el amor propio se consigue únicamente en completa soledad. Lamentablemente, son personas dependientes de otras, que no encontrarán nunca una constante solución si no aprenden primero a estar solos. La soledad los obligará a conocerse, valorarse y enfocarse únicamente en ellos.

Es importante recalcar que sí hay talleres que funcionan, como también hay muchos libros importantes, pero deberás elegir muy bien a quién escuchar y a quién no, recordando siempre que el dinero puede ser la única razón que en realidad quieren algunas personas motivadoras. Cada persona desea escuchar sobre el tema que está afectándole en ese momento, de modo que si no les dicen lo que desean escuchar o leer, simplemente pasarán la página, ignorándola y privándose inconscientemente de tener la oportunidad de expandir su visión. No te encasilles en leer únicamente libros de amor cuando estés pasando por un des-amor ni en escuchar canciones de despecho cuando estés pasando por un duelo. La magia que contrarrestará ese incomodo sentimiento, la encontrarás en libros de meditación espiritual porque es allí donde habrá ejercicios que te darán la paz que en realidad necesitas. **No te limites** y expande tus conocimientos porque son interminables los aprendizajes que existen.

Mi consejo para ti es:

Antes de gastar infinidades de dinero en talleres de superación, o como quieras llamarlos, primero invierte tu tiempo en soledad, disfruta de esa soledad con una conciencia consciente y descubrirás todos los aprendizajes que necesites. Absolutamente nadie, más que tú, tendrá el poder de mantenerlos en constante funcionamiento. Cuando esta soledad ya te haya formado, estarás listo para escuchar a alguien más.

Cambia el mundo con tus justas acciones, no con tus injustas opiniones.

Religiones

En este capítulo, indudablemente habrá muchos puntos de vista, desde el momento en el que hayas leído el título. Recuerda dejar tus creencias y tus intereses personales afuera. Únicamente toma la oportunidad para entender qué realmente son las religiones y cuál debería de ser su verdadera función.

Lee con una conciencia neutral.

He pedido que leas desde la neutralidad porque si no, únicamente defenderás tus puntos de vista, que son manejados como bien sabes, por creencias que te pertenecen desde mucho antes que nacieras, por lo que tomarás conclusiones con base en tu religión, sin regalarte la oportunidad de entender cual tiene que ser la única religión que debería de existir. Debes creer en ella, pero viéndola con ojos de amor y justicia, mas no porque el libro así lo diga.

Casi todas las religiones tienen un Dios al que alaban, pero este capítulo no es para hablar de cada religión ni de cada uno de sus Dioses en especifico, pero sí de los métodos de manipulación mental que sus líderes utilizan con sus más fieles seguidores. Es tal el impacto, que dichos seguidores llegan al punto de dar sus propias vidas para matar y acabar con la vida de otros, convencidos de que serán bendecidos por llevar a cabo esa atroz acción. La verdad es que a estos líderes no les interesa absolutamente la vida de nadie, solo les importa obtener venganza, dinero, poder y defender sus intereses y creencias religiosas aun a costa de la vida de todos aquellos que fielmente los siguen; pero es más que una realidad que estos líderes no participan en dichos actos, ya que nunca se ha oído que uno de estos individuos encabece un atentado suicida. Estas creencias que usan el nombre de Dios o como sea que estas religiones lo llamen, son la única arma letal que tienen para completar silenciosamente sus ambiciones, haciéndole creer a la humanidad que son buenas personas, pero son todo lo contrario.

Es más que necesario que estas escrituras lleguen a las manos de estos fieles religiosos que están siendo manipulados para vivir realidades atroces, por causa de verdades ajenas. Espero que este libro sea el punto de partida para que sus mentes comiencen a tener conciencia y siembre en ellos la semilla de la duda; duda para entender que podrían estar alabando al líder equivocado.

Las personas tienen que quitar de sus mentes la palabra religión y comenzar a usar la palabra **amor**. La palabra religión es igual a **interés** porque hay un interés atrás de cada religión, y es mas que seguro que no es la del verdadero Dios superior. Es completamente incoherente que el Dios que nos dio la vida, nos pida que acabemos con ella o que usemos esa vida para acabar con todos aquellos que no estén desacuerdo con nuestras creencias o la de nuestros líderes, a cambio de ser bendecidos en su reino.

Para que el mundo comience a ver resultados llenos de amor, el punto de partida más eficaz debe de ser la crianza de los niños. Hoy en día no se cría a los niños con el amor adecuado, claro que el amor de padre y madre es necesario, pero no es suficiente cuando se cría con prejuicios y obligaciones innecesarias. Una de esas obligaciones es el de asistir a misa los domingos, de manera obligatoria. Sin embargo, al salir de allí no les enseñan lo gratificante que sería comprarle un almuerzo al señor que con hambre pide una ayuda afuera de esa iglesia a la que acuden, sino que únicamente jalan de la mano de su hijo, haciéndole creer desde pequeños, que ese ser humano es peligroso y que se merece estar donde está. Ojo, ir a la iglesia no es malo, es algo muy bonito y gratificante, pero lo que se intenta explicar con este ejemplo, es que la justicia y el amor es una práctica y no simplemente una charla. Para que un niño crezca convencido de que debe de ayudar, cada padre de familia debe demostrarlo con el ejemplo.

Hay religiones que no les permiten a sus seguidores ver televisión porque es pecado, pero no consideran pecado obligarlos a tener que casarse con una persona que ni siquiera conocen y que mucho menos aman. Hay miles de reglas completamente inútiles con las que se siguen criando a algunos niños, privándolos de sentir amor verdadero y obligándolos a crecer como una especie de zombis que viven una vida designada previamente porque así sus padres fueron criados. Tampoco es culpa de los padres porque ellos también son zombis, sino que es una cadena que solo será rota por quien se atreva a escuchar su consciencia. De esta forma, tendrán una segunda oportunidad, en la que puedan sentir y vivir su verdadera vida. Te recomiendo ver en Netflix la serie *Unorthodox* para tener un mejor entendimiento.

Cada padre de familia debería de empezar a sentir para luego actuar y poder enseñar a no tener prejuicios ni racismo, enseñar que la venganza atrae más venganza, que ser infiel es destruir corazones, que hay que ser agradecidos y que se tiene la oportunidad de elegir a quien amar. Hay que hacerles entender, desde pequeños, que cada acción siempre conlleva una reacción; que las decisiones que tomen son las que construirán o destruirán su futuro y el de otros; que necesitan ser conscientes de su conciencia para que sea ella quien dicte su verdadera religión. Está más que asegurado que tendrán excelentes resultados.

Padres y madres, la conciencia en cada uno de sus actos es sumamente importante y fundamental para la formación de una nueva generación; no podrán cambiar el mundo completo, pero sí el mundo de ustedes. Cuando comiencen a cambiarlo, se verán los buenos resultados finales. Su mundo incluye a sus hijos, enséñenles más **amor** y dejen la religión innecesaria a un lado, porque nada de lo que les enseñen a sus hijos en una iglesia, tendrá sentido si al salir de ella siguen siendo inconscientes. Los niños tienen el poder de cambiar al mundo, pero ustedes tienen el poder de enseñarles a lograrlo.

Criar a una nueva generación es como armar un rompecabezas de piezas interminables, que deberían ser perfectamente colocadas, ya que cada parte del rompecabezas le dará un significado importante a la imagen final. Una pieza mal colocada dañará la imagen, la afectará y la distorsionará, pero si tienen consciencia para arreglar y colocar nuevamente esa pieza, cuando lo terminen y lo vean desde arriba, lograran ver un cuadro hermoso y perfecto; o sea, una vida exitosa.

Es importante que comiencen a controlar sus acciones porque lo malo que el niño vea tanto en casa como fuera de ella, tiene un gran porcentaje de querer imitarlo. Es en ese momento cuando su rompecabezas final, o sea sus vidas, podría llegar a ser un caos y crecer siendo unos patanes, no sintiendo amor por sus semejantes, no haciendo lo correcto y tomando las peores decisiones. Es decir, crecerán sin conciencia.

En esta parte de tu lectura es donde te enterarás que cada una de las personas que conforman la tierra, son una pieza fundamental mal colocada; no todas, pero sí un gran numero. Es por eso que este rompecabezas mundial, si lo miras desde arriba, no se ve nada bien, su imagen cada vez está peor, cada pieza opaca a su compañera y no hay brillo entre ellas. Por eso, es necesario comenzar desde ahora, a intentar acomodar cada pieza. Cada vida humana es una pieza que hay que enseñarla a que no hay razón ni necesidad por la que deban apagar la luz de su pieza compañera, para que sean ellos los únicos que brillen, porque a la final somos una misma imagen para los ojos del verdadero Dios.

Mi consejo para ti es:

Recuerda uno de los primeros párrafos de este libro, donde se escribió que no importa si crees o no en Dios porque al final, llegarás al mismo resultado: el resultado de lo correcto y justo sobre cualquier sentimiento, ambición, religión, creencia o cualquier otra circunstancia. Eso quiere decir que esta más que asegurado que si Dios bajara en forma humana a la tierra, vendría a ponerle orden a muchos que están haciendo actos injustos usando su nombre. Su próximo paso sería hacer justicia para los más vulnerables. Así que no necesitas disimular que eres fiel a una religión, haciéndoles creer a los demás que eres la pieza preferida de Dios, cuando no sientes ni actúas en provecho ni beneficio de los más necesitados. El amor propio es una práctica indispensable para poder darle amor verdadero y justo a los demás, así que creas o no en Dios, no influirá en la imagen final de este rompecabezas mundial. Pero lo que sí influirá serán tus decisiones constructivas o destructivas.

La imagen se verá afectada únicamente para aquellos a los que solo les importa complacer sus intereses, sin importar a quién se lleven por delante. A veces, Dios coloca en tu vida a malas personas, no para que tú te lo tomes personal y te conviertas en un malo más en el mundo, sino porque eres su elegido para lograr hacer sentir algo bonito en corazones dañados, que han hecho mucho daño. Eres el medio y la herramienta necesaria para darles esa medicina que tanto necesitan.

Logra que tus éxitos causen un gran impacto frente a la vida de aquellos que lo necesitan, para mejorar sus realidades.

Mi propósito antes de morir

Cada éxito siempre será muy personal, aunque la palabra éxito causará instantáneamente en la mente de las personas, un concepto muy relacionado con el de lograr obtener únicamente montañas de dinero, pero no necesariamente siempre será así. El éxito se basará en la capacidad que tienen las personas para lograr vivir constantemente haciendo trabajos que las llenen de felicidad. El dinero llegará cuando hagan lo que les gusta y, de esta manera, obtendrán la libertad de trabajar con amor. El verdadero concepto del éxito debería de ser la **libertad**, pero no se cofundan porque el dinero no les dará esa auténtica libertad; la financiera sí, pero la espiritual absolutamente no.

Me atrevo a decir con toda certeza, que el deseo de Dios está directamente relacionado con la **justicia** para todos aquellos que la necesiten; justicia que jamás se podrá conseguir si la conciencia humana no despierta de manera inmediata.

En mi universo personal, siempre quise como éxito lograr que la conciencia humana despierte. Mi razón de vivir es que muchos valoren al cielo entero, que todos acá abajo nos demos cuenta de que hay muchos espíritus que nos rodean, que aunque no podamos ver, sí podemos llegar a sentir; deseo profundamente, que sientan la necesidad de ser agradecidos con ellos. En el momento en que cada ser humano en la tierra sienta por su Dios interno, el mismo agradecimiento que yo siento por el mío, y sobretodo de la manera en la que mi amor hacia él me da la posibilidad de amar honestamente a todo aquél que a mi alrededor esté, en ese preciso instante podré morir en paz.

Nada en este mundo me causará más felicidad que darle amor a quienes creen que ya no son merecedores de él; de ver la mirada de aquellos que más lo necesitan al momento de sentir que son tomados en cuenta; de poder ver algún día, cómo el ejecutivo de traje se sienta al lado de una persona que viva en la calle, dándole la oportunidad de escuchar sus problemas antes de juzgarlos; que las personas utilicen el tiempo que tienen únicamente con el fin de valorar todo su entorno, incluyendo animales y medio ambiente.

El despertar de la conciencia incluirá todos los puntos necesarios que deben ser cambiados para poder mejorar este mundo actual en el que vivimos. El único medio con el que puedo llegar a lograrlo de manera rápida, efectiva y que todos puedan tenerlo a la mano, en caso de que corra el riesgo de ser olvidado, es por medio de este libro.

Desde el fondo de mi corazón, primero que todo, les doy las gracias por tomarse el valioso tiempo de leerlo, les pido con toda la conciencia del mundo, que corran la voz de lo que aquí han leído. No lo hagan con juegos mentales, que les hagan pensar y creer que lo pido únicamente para mi beneficio, sino con la conciencia clara para que la humanidad pueda comenzar a darle valor a los planes de Dios.

Mi consejo es:

¿Ya sabes cuál es tu verdadero propósito en la Tierra, antes de irte? Si aún no lo sabes, deja de dedicarle todo el tiempo a algo o a alguien que te aleje de saberlo y comienza a tomarte el tiempo de descubrirlo. El mismo tiempo, cuando vea tu interés, se encargará de hacértelo ver, pero únicamente quedará en ti hacerlo realidad.

Este gran manuscrito no será reenviado por aquellos que no tengan el mismo nivel de conciencia que tú o en su defecto, que el mío.

El fin de un nuevo comienzo

El poder da la Conciencia ha llegado a su fin, pero indudablemente será un nuevo comienzo para todo el lector que haya valorado cada línea leída y, sobretodo, para aquél que con su fe, haya podido ver los mensajes y las señales ocultos entre líneas.

En cada párrafo existe una señal que, a su vez, está perfectamente sincronizada con el resto. Aunque los párrafos no tienen una secuencia obligatoria de lectura para ser entendidos, sí será indispensable aprender a unir los aprendizajes dentro de cada uno de ellos para poder usarlos en la vida real. La única manera de recordarlos será por medio de una conciencia consciente porque sino, al cerrar el libro seguirán tomando una y otra vez decisiones que, inconscientemente, sigan afectando su futuro y el de otros.

Será indiscutiblemente imposible describirles o darles ejemplos detallados de cada circunstancia de la vida cotidiana en donde está involucrada la conciencia, ya que me tomaría varias vidas para lograrlo y millones de libros escritos. Sin embargo, con lo poco que aquí tienen a su disposición, está asegurado que será uno de los mejores inicios que les ayude a traer hacia ustedes todo lo que tanto han estado buscando. Espero que no se hayan tomado nada personal; ayudar a las personas para que tomen conciencia, es uno de los trabajos más difíciles, complicados y delicados de hacer, esta es la razón por la que me tomé tantos años en escribirlo y simplificar cada significado con ejemplos limpios y fáciles de entender. Soy consciente de que no hay forma ni manera de complacer a cada lector, ya que ni el propio creador del mundo ha podido lograrlo, pero me complace enormemente saber que estas escrituras serán una pequeña parte de todos aquellos que a partir de ahora, van a mejorar sus vidas. Mil gracias por llegar al final del libro, les aseguro con todo el amor del mundo, que a partir de aquí, Dios y el universo comenzarán a trabajar en equipo junto contigo, para ponerte adelante las oportunidades que harán realidad la posibilidad de darle un vuelco positivo e increíble a tu vida.

La portada del libro está diseñada con muchas imágenes; solo aquél que se tome el tiempo de estudiarla, las verá. Imágenes que entre cada una de ellas, describe la conexión que existe entre Dios, el universo, la energía, la conciencia y el Yo interno espiritual que tiene cada ser humano. También está diseñada de esa manera para que las personas dejen de suponer o de juzgar, antes de conocer realmente qué hay dentro.

Muchas personas pensarán que este libro ha sido escrito por alguien que únicamente cree en él y nada más, pero solo aquellos que le han dado la oportunidad al libro, obtendrán las respuestas que habían estado esperando. Esto quiere decir que muchas personas se privan de oportunidades extraordinarias, únicamente porque se dedican a suponer.

Por más de 20 años, dentro de mi conciencia, siempre usé las mismas oraciones, nunca agregué y nunca quité. Oraciones que me han dado la oportunidad de tomar las mejores decisiones y acciones en mi vida, es por eso que me complace enormemente compartirlas con ustedes.

Lo que no muchos saben, es que creo fielmente en un Dios que está compuesto por todo el universo y que es inmensamente auténtico.

Muchas personas rezan, pero el rezo no solo consiste en palabras, son sentimientos de amor que tienen que salir y proyectarse en acciones de la forma más real, humilde, sincera y agradecida posible. Por muchos años, mis rezos nunca han sido para **pedir**, sino para **agradecer**. Nuevamente, para mí es un privilegio compartir con ustedes lo que por años nunca compartí ni con mi propia madre.

Dios es mi mejor amigo, amigo que no uso únicamente para pedirle algo, porque entiendo que Él también necesita de mí y de mis buenas acciones, Él necesita ser escuchado y valorado. Cada segundo de mi vida le recuerdo que estaré a su disposición para ayudarlo las veces que Él lo necesite. Si tú deseas **crear** esa misma amistad real y verdadera con ese Dios interno, deberás **creer**, porque si tienes dudas nunca lo lograrás y nada podrá ser auténtico. En este tipo de creencia sí deberás confiar porque serán sentimientos que nacerán dentro de ti, provenientes de un amor puro y consciente, desde lo más profundo de tu ser. No se tratará de verdades ajenas que no estarán nunca en tus manos ni podrás tener la certeza de que sean creencias auténticas y no manipuladas.

Les he regalado algo muy privado para mí, porque estas son mis conversaciones con el cielo y el universo, han sido nuestras charlas durante muchos años.

Les dejo saber mi más sincero agradecimiento por regalarme la oportunidad de resolver en esta vida, lo que tengo que resolver para llenar mi espíritu de alegría antes de irme. Recuerda que lo que te vas a llevar, se consigue únicamente con las acciones que tengas hacia las demás personas, hacia los animales y hacia la naturaleza. Es únicamente tu decisión si actúas por ambición o actúas por medio de lo que el **poder de tu conciencia** intenta decirte.

Mis oraciones

1. Gracias Dios, por el día de hoy. Que todo siga perfecto como hace un segundo.

2. Gracias por mi salud y por la de todos los que no te agradecen. Envíales mi fe y energía a todos aquellos enfermos para que tengan fuerza. Te doy las gracias porque nos enviarás a un lugar mejor, mi fe es tan grande que sé que hay algo mejor después de la muerte.

3. Gracias a todos aquellos que en el cielo están y gracias a los que diariamente al cielo van. Están en la auténtica vida. ¡Bienvenidos!

4. Gracias por cuidar a mi familia.

5. Gracias por existir en nuestras vidas.

6. Gracias porque sé que mi pareja no me engañará. Si lo hace, sé que todo será para obtener algún aprendizaje. Te pido que entienda que únicamente se engañará a sí misma. Gracias por darme la fortaleza de no caer en tentaciones, pero si algún día sucede, sé que será por un aprendizaje: el de nunca más volver a caer.

7. Gracias por ponerme en el camino correcto.

8. Gracias por darme la oportunidad de ver, tocar, oler, sentir, respirar, caminar y entrenar. Te doy las gracias por aquellos que todavía no lo valoran.

9. Gracias porque sé que escribiré mi libro; no sé cuando, pero lo haré por ti.

10. Perdón por nuestros pecados.

11. Gracias por todas las señales y mensajes que nos transmites. Te pido perdón por todos aquellos que no logran verlos. Ponme en el camino correcto para ayudar a que algún día, las personas aprendan a entender cada mensaje y aprendizaje oculto.

12. Gracias por hacerme respetar a las mujeres, porque entiendo que son lo más valioso de este mundo.

13. Gracias por vivir en nuestra conciencia para mostrarnos el mejor camino. Discúlpame si en algún momento mis intereses personales destruyeron a otros; gracias por dejarme saber si eso sucede porque te prometo con todo mi alma que no volverá a suceder.

14. Gracias a todos los que en el cielo están, a todos mis ancestros, a todos los ancestros de las demás personas; quiero dejarles saber que mi cuerpo es de ustedes. Denme la señal que necesitan para que otros vean, denme la oportunidad de que otros puedan ver lo que ustedes intentan decirles. Me sentiré orgulloso de dedicar mi vida para ayudar al más necesitado, ese siempre será mi mayor deseo: cumplir el deseo de ustedes es mi éxito. Los amo con todas mis fuerzas y los amaré siempre sobre cualquier circunstancia.

15. Gracias a mi amada Virgen, mi mejor amiga, mi mejor compañía. No me interesa que algunas religiones no crean en ti, yo fielmente siempre te amaré porque eres la madre de la persona que más respeto. Mi virgen hermosa, aquí estaré dispuesto a irme contigo cuando sea el momento, pero mientras tanto, necesito mostrarle al mundo que no estamos solos y que se necesita una medicina inmediata. Siempre te respetaré porque eres la mujer que ha estado conmigo en las malas y en las peores, me has levantado una y otra vez, por lo que me complace pedirte con el corazón en la mano, que seas tú quien me venga a buscar cuando mi trabajo en la tierra haya terminado.

16. Gracias a mi Ángel guardián, por no permitir que jamás la maldad tan siquiera intente tocar a mi puerta. Sabes muy bien que estoy aquí para ti y te lo agradeceré siempre que tenga la oportunidad de hacerlo.

17. Gracias a Jesús por dar la vida por nosotros. No me interesa en lo absoluto que me digan que no existes, porque yo sé que estás en nuestras conciencias. Sabes muy bien que no soy de ninguna religión, solo pertenezco a la religión del amor porque te he visto y te he sentido dentro de mí, hemos hablado y jamás dejaré de sentir este profundo amor y agradecimiento que siento por ti.

18. Gracias, Dios, por darme la oportunidad de entender por medio de tus señales, la auténtica y honesta verdad universal, gracias por las infinitas oportunidades que nos regalas, gracias por crear ese universo que nos da la luz de la esperanza que necesitamos diariamente. Te amo desde lo más profundo de mi ser y de mi alma. Antes de irme, te doy las gracias porque sé que pondrás en mi camino las mejores enseñanzas, las que las personas necesitan para que entiendan que tú los amas. Gracias por regalarme mi mayor éxito, que no sé todavía con certeza si será cumplido en dos, en cinco o en diecinueve años. Lo que sí sé muy fielmente, es que seguiré en constante movimiento, escribiendo todo lo que me enseñas para que, cuando tu **tiempo perfecto** llegue a mí, las escrituras estén listas y mi cometido pueda ser cumplido.

El poder de tu conciencia
te da el más sincero agradecimiento y espera que consigas en ella las enseñanzas necesarias, para que logres sentir diariamente ese infinito e indispensable agradecimiento hacia ese privado Dios interno que día a día desea comandar tus pasos.

Ser agradecidos es la primera puerta al éxito.

¡Gracias infinitas!

Made in the USA
Columbia, SC
23 October 2020

23362258R00155